これから
経営学 新しく学ぶ 経営の基礎

須藤 芳正 監修　蒲生 智哉 編著

大学教育出版

はしがき

　「経営学」の世界にようこそいらっしゃいました。

　はてさて、どうしてあなたは本書を手に取ってしまったのでしょうか？「授業のテキスト指定されてるからだよっ！」という声が聞こえてきそうですが、その授業を受けるということは、これから経営学（あるいは周辺科目）を学生として学ぶという人もいるということですね。では、そのような学生のあなたが「経営学となんですか？」と問われた場合、「えーと、経営ってビジネスってこと？　お金を儲けるにはどうしたらいいか、とか…」と返答に困るかもしれません。もっともなことです。だって、経営学ってそもそも実践学問なので、まだ社会に出て働いていない学生にとっては、そのイメージすら湧かないものです。まぁでも、あえていうとすれば、「どのように組織を動かせば、組織が永続的に生き続けられ、そして社会に貢献できるのか」ということを研究する社会科学の重要な領域、とでもいえましょうか。「私は経営学を学んだことはないけど会社を経営している」、もしくは「1度も経営学の本を読んでないが、会社員をやっています」というかたもいらっしゃるかと思います。どの学問でもそうですが、別に学問をしなくたって世のなかを立派に生きていくことはできます。私が思うに、学問に触れておくと人生が少しだけ豊かになり、くわえて経営学は実社会のさまざまな場面で役に立つので、かなりお得な学問かなぁ、ということです。

　さて、学問としての経営学の歴史は比較的浅く、まだ120年程度なのです。経営学は産業革命による大量生産時代が到来し、どのように工場を管理すれば物を効率的に生産することができるのか、という研究から始まりました。その後、そのための組織をどのようにつくったらよいのか、人に働く意欲をもたせるにはどうしたらよいか、ライバル企業よりも売るためにはどうしたらいいか、環境問題や社会問題に取り組む活動をつうじて、社会から支持されるためにはどんなことに配慮しなければならないか…、その時代ごとにさまざまなテーマを展開してきました。経営学は実践と理論が追いかけっこして発展し、

止まることなく複雑化する社会のなかで、ますますの広がりをみせています。

　本書は、これから経営を学ぶ人たちを対象にしたものです。学修にあたって必要と思われる古典的な理論も踏襲しつつ、現代の企業が抱える課題、あるいは日本の経営学教育が直面している課題を選び抜き、本書は構成されています。そして、皆さんがこの本から学び取った経営学の知識を、これからの皆さんの生活や労働のなか、ひょっとすると起業を目指すなかでお役立ていただけることを、執筆者一同が願っております。

　最後になりましたが、本書の出版にあたり、（株）大学教育出版企画担当の佐藤宏計氏には、刊行までの長い道のりをあたたかく見守っていただき、心より感謝申し上げます。あわせて、2023 年春をもって大学教員生活を勤め上げ、長きにわたり大学教育に貢献され、本書の監修の労を取ってくださった須藤芳正先生に、大変お世話になりましたことをここに記し、執筆者一同、感謝の意を捧げたく存じます。

　2023 年冬

これから経営学　編集・執筆　蒲生　智哉

これから経営学
── 新しく学ぶ 経営の基礎 ──

目　次

第1章

会社と経営

はじめに

　大学教員である筆者は、巷のアンケート用紙で必ず目にする「職業」欄を回答する際、大体思い悩みます。そのなかには、「大学教員」なんてピンポイントの回答が設けられていることはまずない。往々にして、用意されている選択肢は「1. 会社員　2. 学生　3. アルバイト　4. 専業主婦（夫）　5. 無職　6. その他（　　　　）」といったところでしょうか。「6. その他」の括弧内に、「大学教員」と書くのも面倒臭いし、なんだかエラそうな気がして恥ずかしいので、たいてい「会社員」に丸をつけます。そういう意味では、アンケート調査って信憑性に欠けるものだと筆者は思っています（自分でいうのもなんですが…）。

　厳密にいえば、やはり「大学」は「会社」ではありませんのでモヤモヤするのですが、そういえば、病院勤めの知人も「会社にいってくる」などと言っていた記憶があります。もちろん、病院を会社と言うのも違和感が残ります。でも逆に、「企業」を会社と言い換えて呼ぶことはよくありますが、大体の場合は違和感はあまりありません。なんだか言葉としての使い方も「会社」ってよくわかりませんが、でもそれは私たちの身の回りにあって、私たちの社会や生活に欠かせない存在であることは確かです。

　本章では、会社について、もちろん言葉の意味だけでなく、そのしくみについて説明していきます。「経営」を学ぶには、その対象となる会社について知らなければなりません。そして、会社を経営することはどういうことか、その概念について歴史を追いながら説明します。さらに、その歴史のなかで「経営学」がどのような経緯で学問体系を築いてきたのか論じていきます。

　本章の内容は本書におけるチュートリアルになります。ということは、本書からはじめて経営学を知り学び始める読者の皆さんにとって、経営学の印象を左右することになりうるので、読みやすくてわかりやすい、でもちゃんと専門的な学問領域の入り口を意識した内容構成になっているかと思います。家屋やビルなどの建築物でも、基礎が大切であるのと同じように、会社経営でも基盤をしっかりと築くことが重要です。もちろん、学問や勉強でも同じですね。

　そして、各章の最後のページには、執筆者がオススメの《推薦図書》を掲載しています。各テーマについてもっと理解を深めたいと思ったら、ぜひそれらの本も併せて読んでみてください。

1.「会社」＝「企業」？

　冒頭で述べましたように、私たちが日常生活のなかで当たり前のように使っている「会社」という言葉は、勤務先や取引先、普段利用しているサービスや商品の提供元などに対する呼称です。でも、それはときと場合によって「企業」とも言い換えられますね。ただ、その両者は同じ意味でもニュアンスが異なります。例えば、「企業経営」と「会社経営」では、前者が少し改まったというか、専門用語のように聞こえませんか。一方の会社経営は、より汎用性のある表現になっているように思えます。その違いは、「企業を経営されていらっしゃるのですか？」と「会社を経営されていらっしゃるのですか？」というように会話形式に置き換えてみると、普段の何気ない会話では後者のほうがしっくりくるような気がします。もちろん、両者には単語としての意味の違いはありませんが、日本語では文脈によって自然と使い分けがされています。日本語ってムズカシイ（ヤヤコシイ）デスネ…。

1-1. 会社の定義

　では、まず「会社」について一般的な解釈をみていきたいと思います。ちょうど手元にあった国語辞典[1]を引いてみると、【会社】とは「営利を目的とする社団法人。company」とありました（社団、法人は後述）。ついでに「企業」

を引いてみると、【企業】とは「利益を得る目的で行う事業。enterprise」とされています。会社と企業は同義だと思われていたかたにとって、この辞典の説明は少し意外だったかもしれませんね。しかし、経営学の専門用語辞典[ii]でも、やはりその２つは違う意味をもっているようです。つまり、「会社とは、法律上の定義によれば、営利を目的とする社団法人（営利社団法人）である。こうした会社を厳密には商法上の会社といい、わが国では合名会社、合資会社、株式会社、有限会社の４種がある[iii]。（中略）企業と会社とは異なる。企業は主として他人のために生産・流通の機能を営むものであって、個人企業や協同組合などは企業であっても会社ではない。企業のうち、複数の出資者により設立された法人で、法律上会社として登記されているものが会社である（p.28）」とされています。

　つまり、「企業」は２通りの意味をもち、事業体として「会社」の上位概念にあたり、法律によって規定され法人格をもつことで「会社」となるというわけです（図表 1-1）。法律で定められていて、一般的に公式の社名にも、例え

図表 1-1　企業と会社の関係性
筆者作成

ば「丸紅株式会社」というように用いられているので、私たちにとって「企業」よりも「会社」のほうがなじみがあって何気に使っているのかもしれませんね。

　ただ、「企業」には「（営利）事業」そのものを指す場合もあります（上述）。専門用語辞典[iv]では、「企業は単にビジネスともいわれ、（中略）ドイツではあくまでも経済体として、旧来、生産の現場を意味する技術的組織体たる経営と区別されてきたが、今日ではこの経営も企業と同じ意味に使われる場合が多い（p.45）」と説明されています。また、J.A.Schumpeter（J.A.シュンペーター）は「『会社』は生産単位、店舗、会社ばかりを意味するのではなく、これらによる特定の経済主体のなす行為、何を創り出すか、ということも意味している。企業家はこの意味でのみ企業の主体となる[v]」と述べています。つまり、会社をつうじてなされる事業を「企業」とするので、責任と権限をもちその運営に携わる経営者は「企業家（entrepreneur）」ということになります。

　さて、上記にやたら登場してきた「法人」ってなに？　と頭のなかにクエスチョンマークがたくさん浮かんでいるかもしれませんね。ご安心ください。「法人」とは、よくみかけるけどよく知らない、普段生活しているなかであまり意識されないワードですが、経営学には欠かせませんので、ここで説明をはさみたいと思います。

　私たちは、さまざまな法律に守られることで安心して毎日を過ごすことができています。誰もが法律を守る義務を負っており、法律を犯す行為は犯罪として罰せられてしまいます。その代わりに、法律によって安全な生活が保障されているのです。

　法律が定める権利および義務の対象は「自然人」とされます。自然人とは、自然に生まれ、ありのままの状態の人間個人のことをいいます。この自然人に法律上の権利・義務が付与されることで「法人」として扱われることになります。つまり、出生したばかりの赤ちゃんも、行政機関に出生届を提出して受理されると「法人」としてさまざまな法律に守られながら、社会生活を送っていくことができるのです。

　しかし、「法人」と聞くと「会社」などの組織をイメージするのが普通だと思います。当然ながら会社が、他の企業や集団（私たち生活者を含む）が共生

図表 1-2　日本の法人分類（略図）
筆者作成

する社会のなかでフェアに活動するためには、しかるべき法律や規制で守られなければなりません。そのため、会社組織に対しても、法のもとに平等に扱われて活動できるように「法人格」が認められるようになったのです。少し理解が困難してしまいそうですが、私たち個人は自然人であり（たいていの場合）法人となります。しかし、会社などの組織はもちろん自然人ではなく、法務局で登記することで法人となります。

　とはいえ、すべての団体や企業が法人格をもつわけではありません。後述しますが、法人はそのミッションや設立母体によっていくつかの種類に分けられます（図表 1-2）。

1-2.　会社の種類

　会社の設立や運営、清算などの規則や手続きを定める「会社法」に則って、現在では「株式会社」「合同会社」「合資会社」「合名会社」の4つの営利法人を設立することができます（図表 1-2）。それら営利法人はまず、「株式会社」と「持分会社」に分かれます。さらに持分会社は「合同会社」「合資会社」「合名会社」の3つに分けられます。また、これら4法人を区分するうえで、出資者（株主・社員）が負う「責任」がポイントとなります。出資者責任とは、会社の「債務返済責任」を指しており、これには「有限責任」と「無限責任」があります。

　「有限責任」とは、会社が倒産してしまった際に、出資者に対して債務返済義務が自らの出資分を限度として課されることをいいます。株式会社と合同会社は有限責任となります。

　他方の「無限責任」とは、債務額が出資者の出資額を超えてしまった場合、個人の財産を返済に充当するなどして、その会社の清算責任を負うことをいいます。合名会社は全社員が無限責任ですが、合資会社は無限責任社員と有限責任社員をそれぞれ1名以上用意しなければなりません。

　以下に営利法人の会社形態の特徴について説明を加えます。

(1) 株式会社

　株式会社は、株式（株券）という有価証券を発行して出資を募り、その資金をもって設立される資本主義経済を代表する会社形態です。出資額に応じて株主（出資者）は株式を保有することになり、株主総会に参加し取締役を選出する権利（議決権）を得ることができます。選出された取締役によって組織される取締役会において、その企業の経営の指揮を執る代表取締役を決めます。

　企業の出資者である株主に代行して、取締役会が経営者たる代表取締役の行動を監督する責任をもちます。これは経営者による独断・独善的な経営を阻止・予防するため、すなわち「企業統治（コーポレートガバナンス）[vi]」における取締役会の役割となります。

　株主が保有する株式に応じて得られるのは議決権だけでなく、企業が売り上げた利益分の配当金や株主優待券などの特典を受けることができます。また、企業が成長し株価が上昇すれば、株を売却して差益を得るといった投資目的にも利用されます。いまや日本でも高校から金融教育がはじまり、国からも将来の資産形成のためにiDeCoやNISAといった積立投資が推奨されていますね。

　現在、株式会社は日本で最も設立数が多い法人で、会社法人のうちなんとおよそ9割以上も占めています[vii]。

　図表1-2にあるように、株式会社と分化する営利法人に「持分会社」があります。株式会社の出資者は「株主」ですが、持分会社の場合は「社員」と呼ばれます。しかし、いわゆる「従業員」という意味ではありません。その社員が会社に出資した割合で「持分（＝所有割合）」が決まり、会社の重要事項に関する意思決定に影響力を行使することができます。持分会社は以下に説明する

合同会社、合名会社、合資会社に分類されます。

（2）合同会社

　合同会社は、2006 年に行われた会社法改正に伴い、アメリカのLLC（Limited Liability Company：有限責任会社）をモデルとして倣い、設置されることになりました。日本版LLCである合同会社の特徴は、株式会社に比べて自由度が高いことがあげられます。例えば、利益配分や組織設計や役員任期など、定款^{viii}に自由に規定することができるので設立が比較的容易であったり、株主総会や決算報告が必要ないため、柔軟でフットワークの軽い経営をやりやすくなります。

　合同会社には、Google Japan や Apple Japan や Amazon.co.jp といった有名IT企業であったり、人気のアイドルグループ・乃木坂 46 もみられます。合同会社は、その設立の容易さと運営の自由度から、スタートアップ企業に採用されやすい形態といえます。最近では、日本でも大学で起業を目指す教育が取り入れられ、大学生による起業も増えてきました。新会社法で合同会社が設置されたのは、その大きなきっかけとなったと考えられます。

（3）合名会社

　合名会社は、2006 年の新会社法以前は 2 名の社員（出資者）が設立に必要でしたが、現在は 1 名でも可能になりました。法人設立には、株式会社に比べて手続きが簡易でコストが低く（登記にかかる 6 万円程度の登録免許税）、さらには作成した定款は公証役場での認証が必要ないため、利益配分や権限など持分に関係なく自由に決めることができて、社内自治や経営について自由度が高いというメリットがあります。

　ただし、合名会社の社員は無限責任を負うため、経営における自由度が高い反面、リスクを軽減する工夫が必要となります。この点も合名会社の単体法人数が少ない（全体の 0.1％）理由といえるかもしれません。

（4）合資会社

　合同会社と合名会社と同じく持分会社である合資会社は、それらと似た会社形態となりますが、設立には、有限責任と無限責任を負う社員が最低でも各1名ずつ必要となります。他の持分会社と比べて少し複雑ですので図を使って説明します（図表1-3）。

　A氏（有限責任社員）とB氏（無限責任社員）が250万円ずつ持ち寄り合計500万円を出資し、さらに銀行から1000万円を借り入れて合資会社を設立しました。しかし、数年後に事業に失敗し経営破綻し、会社は倒産してしまいました。会社の可処分（残余）財産は200万円でしたので、それを銀行の借入金返済に充てると、800万円の債務が残ります。A氏とB氏の出資額500万円は損失となり、A氏は有限責任社員なので250万円のみの損失で済みますが、B氏は無限責任社員であり250万円の損失に加え、800万円の債務を背負うことになります。

　なので、合資会社を設立する際は、誰が無限責任社員となるかをまずよく検討する必要があります。つまり、債務リスクを前提に資金計画を立てなければなりません。合資会社の単体法人数の割合は0.6％程度（3,813社）で、主に家族経営や少人数経営の場合が多いようです。

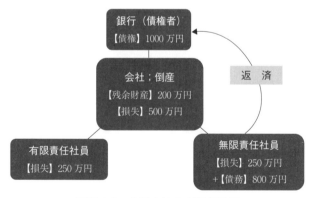

図表1-3　合資会社の出資者責任
筆者作成

1-3.　所有と支配の分離

　現代の日本の営利法人は、株式会社が圧倒的な割合を占めています。しかし、株式会社は古く、1602 年に世界初の株式会社となったのは貿易業を営む「オランダ東インド会社」でした。同年、オランダに同じく世界初の証券取引所「アムステルダム取引所」が設置されました。日本では、諸説ありますが、1872 年に設立された「国立銀行」が株式会社制度を取り入れたはじめての会社といわれています。

　歴史の古い「株式会社」ですが、出資者が必ずしも経営者であるとは限らないという性質から、長きにわたり、ある議論がなされてきました。つまり、「会社は誰のものか？」ということです。

　私たちは、株式会社に出資することで、株式という証券を得て株主（出資者）になることができます。先に説明したように、株式は利益配分を得たり、株主総会での意思決定に携わることができるなどの権利が付与されている、1 種の「私有財産」といえます。ちなみに、個人の財産は「私有財産制度」によってその所有と使用の権限が法的に保証されており、これが資本主義を形成する 1 つの基礎となっています。したがって、私有財産である株式の用途は株主に委ねられますが、往々にして証券売買の差益を得る投資目的が一般的です。つまり、株主総会において株主の議決権は行使されることなく、総会の議長となる経営者による原案がそのまま通りやすくなってしまいます。さらには、誰もが投資できるために、会社の株式は無数の株主に分散し、決定的な影響力をもつ最大株主が存在しないという事態に陥ります。よって、最大株主でなくても経営者が企業の支配者（経営者支配）となる、いわゆる「所有と支配（経営）の分離」という現象が多くの株式会社でみられてきました。

　このような現象はいまでもみられますが、アメリカでは 1840 年代から 1920 年代にこのような傾向が加速度的に進みました。A.A.Berle, Jr.（A.A. バーリ）と G.C.Means（G.C. ミーンズ）は、1920 年代末のデータから当時の米国経済状況を分析したところ、巨大株式会社が群小企業に対して買収合併を繰り返すことで独占的経済構造をつくり出しており、その巨大株式会社には経営に対して影響力を行使しうる支配的大株主が存在していないことを明らかにしま

した。株式会社は、企業経営の知識や経験あるいは経営参加の意欲ももたない大衆株主の投資の対象となり、経営者が長期的な政策を決定し実行する「経営者企業」と呼ばれるようになりました。

しかし現代では、例えば、東芝に対して海外のファンドが「もの言う株主」として東芝の経営陣の政策に異論を唱えるなど、株主の経営参加に対する姿勢もみられます。株主は会社にとって利害関係者（ステークホルダー）となります。株主にとっては、経営者には企業価値ならびに株価を高めうる効果的な政策を執ってもらう必要があります。利己的な目的のように思われますが、企業価値を高めるということは、経営者や会社全体が不正やスキャンダルを引き起こすことなく、品行方正かつ革新的な経営行動をつうじて、社会および市場に対して価値ある事業展開をしていかなければなりません。したがって、株主はステークホルダーの立場から企業統治に関わっているといえるでしょう。

1-4. その他の法人

上記では主に営利法人について説明してきましたが、元を辿ると法人はまず、「公的法人」と「私法人」に分かれており、営利法人は私法人に分類されていました（図表 1-2　p.5 参照）。

公的法人とは、「公的な役割を担う法人」のことです。その代表的なものは国や地方自治体といった行政であったり、国民生活センターや造幣局などの「独立行政法人」、日本年金機構や日本私立学校振興・共済事業団などの「特殊法人」、そして日本銀行や原子力損害賠償・廃炉支援機構などの「認可法人」があります。

他方、私的な目的のために設立される「私法人」は、すでに述べた営利法人の他に「非営利法人」に分かれます。非営利法人とは、公共の福祉を充実する活動を目的として設立される法人です。名称から利益追求を目的としないと思われがちですが、活動を継続しておこなっていくためには、財源が必要となります。その財源は、主に会費や事業収入、寄付、補助金・助成金、委託金があり、近年では金融機関からの借り入れもしやすくなっています。ただ、営利企業と違って、剰余金（＝事業の売上－経費）を構成員で山分け（利益分配）し

てはいけません。ただし、有給職員に対する給与は経費となるので別です。

　非営利法人には、「一般法人（一般社団法人・一般財団法人）」「公益法人（公益社団法人・公益財団法人）」「NPO（Non-Profit Organization）法人ⁱˣ」「社会福祉法人」「医療法人」「学校法人」「宗教法人」が含められます。

　2008 年 12 月 1 日より、公益法人制度改革関連 3 法（「一般社団法人及び一般財団法人に関する法律（一般法人法）」「公益社団法人及び公益財団法人の認定等に関する法律（認定法）」「一般社団法人及び一般財団法人に関する法律及び公益社団法人及び公益財団法人の認定等に関する法律の施行に伴う関係法律の整備等に関する法律（整備法）」）が施行され、旧来の民法で定められた公益法人制度（なんと明治 29 年制定！）が抜本的に見直されました。公益法人が執りおこなう活動は、非営利性に加えて高い公益性が認められることから税制上の優遇が得られます。しかしながら、公益性そのものの判断基準があいまいであったり、法人格の取得手続きが煩雑といったことが問題でした。

　1998 年には、「特定非営利活動促進法（NPO 法）」が制定され、ボランティアなどの市民団体が NPO 法人格を取得し、私たちの生活における身近で多様な問題に対して、企業や行政に代わって公的に非営利事業をおこなえるようになりました。そのような公益事業の重要性および多様性が増す現代では、旧来の公益法人制度上の問題がそもそも法人設立の阻害要因となっており、その改革が求められたのです。

　新しい公益法人制度のポイントは、「一般社団法人」と「一般財団法人」を新たに設置し、「公益社団法人」と「公益財団法人」との 2 階建構造にすることで法人格の公益性の基準を分けた点にあります。つまり、一般社団法人および一般財団法人は、非営利法人の特徴である利益分配の禁止という制約は残るものの、公益的な事業に限らず、営利目的の収益事業を含む幅広い事業活動が認められています。

　また、一般法人格の取得手続きは比較的簡素であるため、特に「一般社団法人」の設立数は、近年では株式会社・合同会社に次いで 3 番目に多くなっています。設立には、社員は最低 2 名いればよいですし、設立費用は定款認定手数料と登録免許税の合計 10 数万円程度です。他に資金や財産は必要ありませ

ん。そのため、起業を目指すかたには1つの有力な選択肢となります。

　そして一般法人のうち、公的目的事業が主活動となる法人は、認定申請のための所定の手続きをとり、行政庁の認定を受けることで公益法人（「公益社団法人」あるいは「公益財団法人」）の名称を使うことが許され、税制上の優遇措置を受けることができるようになります。

　一般法人と公益法人には、それぞれ社団法人と財団法人といった法人格がみられます。しかし、どちらもしばしばみかけるものの、あまり直接的に関わりがないために、多くのかたが意識に残らず日常を過ごしているのではないかと。知らなくても日常生活に支障をきたすことはありませんが、知っているとそれら法人に対して少なからず関心を寄せるきっかけになると思いますので、簡単ではありますが以下に説明を加えておきます。

（1）社団法人

　特定の目的のために集まった人びとを「社団」と呼びます。「社団法人」は、ミッションに掲げる事業活動を実行するための権利と義務を活動の主体となる人びとの集団（つまり、社団）に対して付与した法人格です。社団法人には、上記の「会社の定義」にありましたように営利を追及する、いわゆる「営利企業」の他に、例えば、日本赤十字社のような公益法人であったり、それらのどちらにも属さない農業協同組合や労働組合のような「中間法人」があります。

（2）財団法人

　特定の目的のために個人や団体から拠出され集められた財産のことを「財団」と呼びます。その財団を運営するための権利と義務の主体として法人格を認められたものが「財団法人」です。社団法人が人の集合に対して法人格が認められるのに対して、財団法人は財産の集合に法人格が認められるのです。

　一般財団法人は300万円の財産を拠出しなければならず、設立した後も一定規模の財産を保つ必要があります。また、純資産が2期連続で300万円を維持できなければ解散しなければならないという義務があります。つまり、300万円以上という財産が「財団」であり、その運営に対して法人格が認めら

れているのです。その活動は、おおよそ医療や貧困問題や教育や文化的活動など の公益あるいは慈善を目的とした事業が多くみられます。Microsoft 社の創業者 W.H.Gates Ⅲ（W.H."ビル"・ゲイツ）氏も元ご夫人と一緒に「ビル＆メリンダ・ゲイツ財団」を設立しており、例えば新型コロナウイルス感染症対策に巨額の寄付をおこなっていました。

2. 会社のしくみと経営

　これまでみてきたように、会社とは簡略的に述べると、営利を追求する事業体ということになりますが、では、どのようにして企業は営利を得ているのでしょうか。つまり、会社の経営とはどのようなものなのでしょうか。「会社を経営されているのですね！」なんて言っても、実際のところ、経営者が会社のなかでどのような仕事をしているか（あるいはするのか）、はっきりと理解できている人のほうが少ないのだと思います。

　最後の本節では、これまでの説明を踏まえて、会社が営利を追求する事業体として社会のなかでどのようなしくみをとって活動しているのか、そしてその活動をマネジメントする「経営」とはどのようなものなのか、概説していきます。

2-1. 会社のしくみ

　会社は、私たちの生活社会のなかにあってそれぞれの事業をおこない利益を得ています。逆にいうと、私たちもまた企業からサービスや商品を得て生活を送っています。私たちと企業との間には、事業をつうじた「交換」の関係が存在します。この交換がおこなわれる場が「市場」ということになります。この「交換」とは、つまり企業が提供する「市場提供物（サービスや商品）」と消費者あるいは顧客がそれに対して支払う価額（対価）との交換を指していいます。

　この交換を促進する企業活動がいわゆる「マーケティング」ですが、会社が利益を得ていくために直接的に重要となります。しかし、マーケティングを実

行するには、企業組織（会社）の存在が大前提となり、さらに経営戦略をはじめ、組織や財務的なマネジメントが必要となります。すなわち、これらの企業活動の要素を総体的にマネジメントしていくプロセスが「経営」となります。経営の中身については後述いたします。

　その経営の対象となる「会社」は、図表 1-4 のようなプロセスを経て事業活動をおこなっています。企業は活動に必要な経営資源を獲得あるいは開発するところから始まります。経営資源とは、企業組織が掲げるミッション（使命・理念）を達成するために必要な「ヒト・モノ・カネ・情報」です。

　「ヒト」とは人材、すなわち人的資源を指していいますが、これは人そのものというよりも、協働を全うしうる個人の「職務遂行能力」のことです。次に、「モノ」とは、生産機器や道具などの設備であったり、原材料や部品などのまさに物的資源です。「カネ」もまた読んで字の如く、資産や活動予算とな

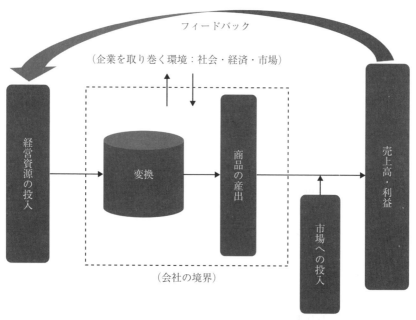

図表 1-4　会社のしくみ
筆者作成

ります。事業を興したり、継続させたり、拡大していくにはどうしてもお金が
かかります。そして、「情報」については、それを経営資源とするかどうかと
いった議論がありましたが、市場や顧客に関する情報情報は、戦略策定やマー
ケティング計画において、とりわけ現代の情報社会のなかでは重要な意味をも
つ資源になります。また、情報ツールの役割も組織や顧客のマネジメントにお
いて不可欠になってきました。

　これら経営資源を、事業や商品のコンセプトあるいは事業戦略に適合する
カタチに編成して、企業活動における生産プロセスに投入し（インプット）、
商品を産出します（アウトプット）。この生産プロセスで囲われた部分（図表
1-4 の点線）が「会社」の領域となります。当然ながら、会社の企業活動は、
社会情勢や経済状況、あるいは市況などの外部環境による影響を「良くも悪く
も」「大なり小なり」受けます。経営者は、そのような環境要因に対しても常
に目を光らせ、的確な舵取りをおこなっていかなければなりません。

　そして、生産した商品を市場に流通させていくプロセス、つまり販売活動
をつうじて利益を獲得します（アウトカム）。その市場成果は、企業の有効性
の指標になりますので、社内にフィードバックし、改善点を洗い出したり、従
業員への報酬として分配したり、生産設備への投資をおこなうなどして、さら
なる成果を生むための生産活動に備えます。

　企業活動のプロセスは、営利追求を目指して進んでいきます。そのなかに
はさまざまな活動が含まれており、それらは調整されつながりをもって遂行さ
れています。M.E.Porter（M.E.ポーター）（1985）は、この行程の連鎖を「価
値連鎖（value chain）」と呼びました。価値を生み出す各活動は、企業の営利
を目指しつつ、顧客が求める価値創造であったり、その他のステークホルダー
との取引や関係性をつうじて、さまざまな価値を創造しています。ポーターが
提唱する「価値連鎖」活動は、図表 1-5 に示すように「主活動」と「支援活動」
に分類されていますが、それぞれに活動にはコストがかかってきます。そのコ
ストの合計と、企業が売り上げた利益とを合わせた額が、企業が社会に創出し
た総付加価値となります。

　このように企業にとっての活動コストは、誰かにとっての価値（利益）と

図表 1-5　価値連鎖
出所：Porter, M. E.（1985）より筆者作成

なります。企業と恩恵を享受し合うのが、「利害関係者（ステークホルダー）」と呼ばれる集団です。このステークホルダーには、株主などの出資者、取引関係にある顧客、融資を受けるなどの取引関係にある金融機関、部品や資材の供給を受けるサプライヤー、同じ市場や産業で競合するライバル企業、従業員の雇用や職場環境を守る労働組合、規制や制度によって平等な競争を保証する行政、活動の拠点を置く地域社会などがあげられます。ステークホルダーは、互いに求める価値を交換し合える関係性を互助的なネットワークとして構築していかなければなりません。このような交換関係のネットワークを構築し、利害関係を良好に保つのも経営者の役割といえるでしょう。

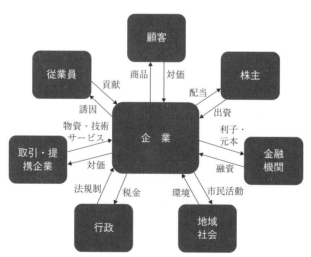

図表 1-6　ステークホルダーとの価値交換関係
筆者作成

2-2. 経営の「基本」

　経営の難しさを示す逸話のような調査指標があります。起業後、3年以内に倒産する会社の割合はどれくらいか皆さんはご存知でしょうか？　なんと7割もの会社が3年待たずして倒産しているとされます。さらに、10年事業を継続できる企業は1割にも満たないようです。

　当然ながらこのような倒産や破産による解体といった現実はありますが、企業は一旦設立すると永続して事業をおこなっていくことを前提として法的に捉えられます。この考え方（概念）を「ゴーイング・コンサーン（継続企業）」といいます。先ほどのステークホルダーとの関係性からしても、企業を継続させることは社会的責任と考えられます。企業が倒産したり、事業を撤退してしまえば、多くのステークホルダーが不利益を被ってしまうからです。特にB to B（企業間事業）においては「事」は重大です。取引関係にある企業が倒産し、取引が解消されてしまえば、相手企業がサプライヤーであった場合は必要な物資が得られなくなりますし、逆に顧客企業の場合は収益に大きな痛手を負ってしまい、ドミノ倒産といった最悪の事態もありえます。

　2006年の会社法改正によって、合同会社が設立可能になり、起業が身近なものになってきました。しかし、経営学を専門とする筆者からすると、「企業

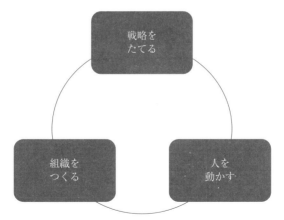

図表 1-7　企業経営のしくみ
出所：坂下昭宣（2000）より筆者作成

経営のいろはは知っておいたほうがよいですよ」と大学の受講生にいつも話しています。

さて、学問の立場から「経営」について説明すると、坂下昭宣 (2000) は、「企業経営の仕組みとは、(1)戦略をたてる、(2)組織をつくる、(3)人を動かす、という3つのマネジメント活動からなる全体である (p.9)」と述べています。

まず、ビジネスを進めていくうえでは、その構想図（もしくは設計図）が必要となります。「どのような市場で、どのような方法で、なにを売っていくのか」を長期的展望で考えていかなければなりません。

そして、その戦略を実行するのに適した組織を設計しなければなりません。A.D.Chandler, Jr.（A.D.チャンドラー，Jr.）が 1962 年に著した『組織は戦略に従う』という本のタイトルにあるように、組織は戦略の内容が変われば、それに対応して改変させなければなりません。とりわけ、環境の変化が大きく不確実性の高い現代では、柔軟な戦略と改革を恐れない組織文化が望ましいでしょう。

企業組織は、経営やマネジメント、あるいは組織の規範や制度によって調整された人びとの行動によって構成されます。そのため、従業員の動機づけや業務の構造化を進め、より効果的かつ効率的な協働を促す必要があります。

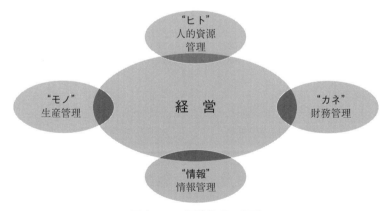

図表 1-8　経営管理の分野
筆者作成

　これらを総体的に捉えて、企業のミッションの実現を目指して管理していくことが経営者に求められる職能となります。

　また、「経営」と「経営管理」そして「マネジメント」は、ほぼ同じ意味となります。社会慣行上は、企業が利益を生み出す活動を「経営」、非営利組織の活動に対しては「運営」とし、営利・非営利の観点から区別されていましたが、現在は非営利組織に対しても「経営」が使われることになんの違和感もないため、それらは同義と捉えて使用して問題ないかと思われます。P.F.Drucker（P.F. ドラッカー）の著書（1990）*Managing The Nonprofit Organization* は『非営利組織の経営』という邦題がつけられていますし。

　もう少し具体的に経営の基本について触れるとすれば、先に述べた"ヒト・モノ・カネ・情報"というそれぞれの経営資源に対応するマネジメント領域に分けられます。つまり、ヒト＝人的資源管理、モノ＝生産管理、カネ＝財務管理、情報＝情報管理、というように。本書では、これらの経営管理の各領域について各章で取り扱っていますので、読了するころには、きっと経営の基本をしっかりと身につけていることと思います。

おわりに

　本書の入口となる本章では、経営学が対象とする「会社」ならびに「企業」について概説してきました。古くから経営学は基本的には「株式会社」に対してアプローチしてきましたが、現代では、持分会社や非営利法人などさまざまな経営実体が存在しており、「経営」という概念が、例えば「マネジメント」といったより広い意味でも使われるようになり、営利性にとどまるものではなくなってきました。そういう意味でも、本書を手に取っている皆さんにとって、たとえ会社経営を目的としなくても「経営」は身近に感じていただけるのではないかと思います。もちろん、起業を目指すかたには、本書で勉強することで、きっと経営に関する基本的な知識が身につくものと考えております。

　また、学問としてこれから経営学を学ぶ読者にとっても、本書は経営学の各分野における基本的な学説や現代的なトピックを広く学ぶことができる構成

となっています。本書が、経営に関する研究あるいは実務への道の第1歩になれば幸いです。

（執筆者：蒲生）

《 推薦図書 》

➢ P.F.ドラッカー［著］，上田惇生［編訳］（2001）『【エッセンシャル版】マネジメント　基本と原則』ダイヤモンド社

➢ J.A.シュンペーター［著］，清成忠男［編訳］（1998）『企業家とは何か』東洋経済新報社

➢ 宮田矢八郎（2001）『経営学100年の思想 マネジメントの本質を読む』ダイヤモンド社

注

i　金田一［監修］『パーソナル現代国語辞典』学習研究社，1998年

ii　吉田・大橋［編著］『基本経営学用語辞典〔第三版〕』同文舘出版，2003年

iii　2006年に施行された新会社法により、新たに「合同会社」が設置された。また、有限会社の新設は廃止され、株式会社への移行が進められた。ただし、既存の有限会社は正式には「特例有限会社」となるが、商号はとして継続して使用可能。

iv　吉田・大橋『同書』

v　J.A.シュンペーター［著］清成［編訳］『企業家とは何か』東洋経済新報社，1998年，p.22.

vi　企業の活動と機能が社会的に受け入れられ正当性をもつための企業に対する社会的制御概念。（中略）拡大する会社（経営者）権力に対するチェック概念。（吉田・大橋『同書』pp.88-89）

vii　国税庁「平成29年度 会社標本調査」によると、単体法人数全体の93.7％（252万3,470社）を占める。

viii　会社の基本的な活動規則を記した書面のこと。

ix　特定非営利活動法人。1998年に制定された特定非営利活動促進法（NPO法）によって法人化が認められるようになった。NPOはNot-for-Profit Organizationの略とも。

第2章

経営学の発展

はじめに

　経営学は 19 世紀後半から 20 世紀初頭にかけて大企業の誕生と同時に生まれ、発展してきました。産業革命の進行は同時に多大な資本集中を伴う巨大企業を生み、企業は、その質と量において産業革命以前の産業とは比較にならないほどの膨大な経営資源をもつこととなりました。企業経営において、人類史上類をみない巨大企業を管理・統制するための技術・知識（学問）が必要とされることとなりました。経営学という学問のはじまりです。

　経営学という学問領域の源流は、大きくはドイツ経営経済学（ドイツでの経営学の呼称）とアメリカ経営学に求められます。アメリカで、まだ「経営学」という学問が成立するための社会的条件さえ整っていない 19 世紀後期、すでに産業革命が進行しつつあったドイツでは経営学を学問としてどのように捉えるか、その理論を構築することに経済学、商学の学者達は論争を戦わせていました。初期の論争の焦点となっていたのは、経営学とは利益をいかにして生み出すかという学問であり、そのような「金儲け学（profitlehre）」が果たして学問といえるのか、といったことです。しかし、企業家は学者達の論争を待ってはいられません。いま、起きている問題をどのように解決するか、その実践的打開策を考えるという、アメリカ経営学に企業経営者の関心は傾いていました。

　アメリカ経営学は、経営実践のなかから企業が効率的に経営資源を利用するための理論や技法が生まれ、やがてそれらは企業を対象とする社会科学として認識され、体系づけられ「経営学」と呼称されるようになります。いま、経

営学といえば、それはアメリカ経営学を指すようになっています。とはいえ、経営学を学問としてどのように捉えるか、その理論的基盤を形作ったドイツ経営経済学の果たした役割は、すなわち経済学、商学、会計学といった隣接科学との関係を解明した功績は、現代まで受け継がれ、経営学の学問的基盤の一つを形作ることとなりました。

　本章は 20 世紀前半のアメリカ経営学に焦点を絞り、かつて人類が経験したことのないほど産業社会が激変した時代、その時代にどのように経営学が成立、発展してきたのか、その過程を概観します。

1.　経営学誕生の社会的背景

　「一八九五年十一月の才三週、ロンドンは濃い霧がふかくたれこめていた。月曜日から木曜日にかけて、ベーカー街の私たち部屋の窓から、街路をへだてた向こうがわの家が、ぼんやりとでも見えたことは一度だってないように思う」

（延原訳『シャーロック・ホームズ最後の挨拶』新潮社）

　コナン・ドイルが創り出した名探偵、ご存じシャーロック・ホームズの一場面です（「ブルース・パティントン設計書」(1908)）。霧の街ロンドン、何かロマンチックで幻想的な感じですね、この描写における霧の正体は実はイギリス特有の湿った大気が工場から排出された煤煙と混じったもの、つまりは大気汚染（スモッグ）なのです。ちょっと興ざめしましたか。

　19 世紀中期、イギリスの産業界において、石炭を動力源とする蒸気機関の活用がピークを迎え、大規模工場が次々と建設され、天候に左右されない蒸気機関車は物資を運ぶ輸送手段として大活躍をしていました。工場、機関車の煙突からは産業の隆盛を象徴するかのように勢いよく煙が上がっていまし

た。SDGs はもちろん、環境汚染という概念は当時、まったくありませんでした。

　このようにイギリスが「世界の工場 (workshop of the world)」として名を

馳せていたころ、アメリカは次の時代のリーダーとなるべく、製鉄業から製鋼業への転換、電気・電信の発明と実用化、ガソリン自動車の普及、輸送路（鉄道網）の拡充、大規模資本集中のための制度づくりを着々と進めていました。それが 20 世紀初頭に一斉に開花し、ほぼすべての産業の生産量において、アメリカは一気にイギリスを追い越します。

「産業革命」という言葉を聞いたことがあるかと思います。この言葉、一義的に定義づけをすることは難しいのですが、一般的にはおよそイギリスで起きた石炭を動力源とする産業構造の変化を第 1 次産業革命、アメリカで起きた技術革新を主とした産業革命（動力エネルギーも石炭から石油へと移行）を第 2 次産業革命と称しています。

広大なアメリカと島国イギリス。イギリスでは、その狭い領土に従来の工場が立ち並び、新たに工場を建てる土地もなく、輸送路を整備しようにも多くの土地権利者の許可を得ねばなりませんでした。さらに個人資本家による資本集中の限界もあって、アメリカに早晩抜かれるのも無理からぬことでした。

アメリカにおいて、今日の企業のありようとなる巨大資本、巨大市場、膨大な商品・製品、技術革新、輸送手段という要件が整うこととなります。このような時代背景のもと、「経営学」という学問領域が 20 世紀初頭のアメリカに登場します。

さて、イギリスにちょっと話を戻します。大規模工場は多数の労働者を必要とします。人口の増加と食糧増産とは密接な関係があります。第一次産業革命が本格化する少し前、18 世紀〜 19 世紀にかけてイギリスでは新たな農業生産技術（四輪作法）が普及、食糧生産が増加し、それに伴い人口も飛躍的に増加しました。19 世紀初頭でのイギリスの人口はおよそ 900 万人、その 30 年後には 1400 万人となり、農村だけではその人口増を支えられず、職を求めて人びとは都市部への流入（都市労働者）がはじまっていました。ちょうどその時期に産業革命が起こり、大規模工場が都市労働者を吸収することとなったのです。

1-1. アメリカ経営学

　15世紀末からヨーロッパ諸国によるアメリカ大陸の探検および植民地化が進められ、イギリスもそれに参加するようになります。その後、1775年にイギリスからの独立に向けて戦いがはじまります。1776年には独立宣言が出され、1783年にパリ条約で独立が承認されることになります。アメリカは広大な国土と豊富な天然資源に恵まれてはいたものの建国当時のアメリカは農業国でした。しかし、この独立で、農業とは直接的には関係のない領域で多くの会社が州政府の認可を得て設立されました。運河、人工水路、水道、道路の建設、銀行、保険、製造業などです。特に経済開発に熱心であった州では、法人の設立認許状のなかで成文化された制限や規制はときおり無視され、その事業にとって最も有利なように解釈されることになります。良くも悪しくも官民一丸となって「アメリカという国を発展させる」という気概が感じられ、移住者のフロンティア精神を垣間見ることができます。

図表2-1　1790～1900年におけるアメリカの人口推移

	年	人口（人）	増加数（人）	増加率（％）
	1790	3,929,214		
	1800	5,308,483	1,379,269	35.1%
	1810	7,239,881	1,931,398	36.4%
	1820	9,638,453	2,398,572	33.1%
	1830	12,866,020	3,227,567	33.5%
	1840	17,069,453	4,203,433	32.7%
	1850	23,191,876	6,122,423	35.9%
	1860	31,443,321	8,251,445	35.6%
	1870	38,558,371	7,115,050	22.6%
*	1880	50,155,783	11,597,412	30.1%
**	1890	62,979,766	12,823,983	25.6%
	1900	76,303,387	13,323,621	21.2%

＊ここまででアラスカ、インディアン準州、インディアン居留地が除外される。
＊＊1890年よりアラスカ、インディアン準州、インディアン居留地を含む。
出所：United States Census Bureau（1902）pp.32-33より筆者作成

　とはいえ、当時、アメリカではまだ生産と販売の機能を兼ね備えた規模の大きい企業が出現していたわけではありません。しかし電信の発達、鋼鉄生産が活発になり、製鋼業を中心とした工業化が 1861 ～ 64 年の南北戦争のころからはじまり、鉄道レールの大量供給も可能となっていきます。鉄道の整備が工業化に拍車をかけました。労働力に目を転じると図表 2-1 にあるように、移民も含めてアメリカの全人口は増加していきます。

1-2. 巨大企業の登場

　1880 年代になると就業人口や生産額で工業が農業を上回り、米国の産業構造は農業国から新興工業国へと急激に変化していきます。1900 年代に入るころには、世界の工業生産高に占めるアメリカの工業生産高の比率（シェア）は、イギリスを抜くことになります。同時に、生産機能と販売流通機能を兼ね備えた巨大企業も登場するようになります。

　しかし、企業の内部に目を向けると、工場での生産方式は従来からの「内部請負制」が主流でした。内部請負制は工場主や経営者が生産工程遂行の一部を熟練労働者の請負人（親方）へ請け負わせる方式を指します。請負人は、製品の完成期日や製品数に関する生産契約とその請負価格契約を工場所有者と交わし、請負人が「雇用した労働者と工場所有者が所有する建物、機械、原材料を使用」し、生産をおこないます。請負人は、請負価格のなかから、賃金を配下の職人へ分配することとなります。職人からみたら請負人が経営者であり、親方からみたら工場所有者が経営者、というちょっとややこしい関係が生産現場に存在していました。

　企業にとっては請負人を通さずに直接労働者を雇用したほうが、企業経営者の意思がダイレクトに現場に伝わり、請負人への手数料も節約でき、また請負人同士の申し合わせによる意図的な生産調整も阻止できるのですが、企業は請負人の有するモノづくりのノウハウを有してはいなく、そのために内部請負制を認めざるを得ない状況となっていました。

　請負人は自身が有利となるように会社側へ交渉し、会社側にとっては請負価格の切り下げを要求します。その交渉にかける時間のロスも生じます。請負

人はより効率的に安価で生産できる情報をもっていても、それを工場側へ提供することをしないという状況も生じます。

このような生産状況を、まったく非効率的で悪しき慣習と考える人が出てきます。その1人が、今日のアメリカ経営学の基礎を築いたF.W.Taylor（F.W.テイラー）でした。テイラーはモノを作る工程を徹底的に調べ上げ、どうすれば効率的にモノを生産できるかを解明したのです。仕事の過程を自身の経験や労働者の作業に関する種々の調査に基づき作業を分析し、仕事を標準化していきます。結果、請負人の仕事を奪い、工場生産の主導権を工場側へとシフトさせていくことになります。

その方法が「科学的管理法（Scientific Management）」と呼ばれる工場管理の技法です。もっとも「科学的管理法」という呼称はテイラーの考えた課業（仕事）管理法を、後に人権派弁護士ブランデースが名づけたものです。テイラーもこの呼称を気に入り、彼自身、好んで使うようになりました。

2. 科学的管理法の時代

1856年にアメリカのフィラデルフィアで生まれたテイラーは、弁護士の父の跡を継ぐためハーバード大学の法学部の試験に合格するも、視力の悪化により法律の道を断念し、19歳のときフィラデルフィアの小さなポンプ製造会

Frederick Winslow
Taylor: 1856-1915

社に見習工として入社します。そこでの4年間の就業経験を経て、ミッドベール製鉄所に雇用されます。テイラーは、機械工として入社しましたが2か月後に事務職、27歳で職長、32歳で全工場の技師長となります。目を見張るスピード出世です。その理由はもちろんテイラーの優秀さに依るものですが、この会社の大株主とは家族ぐるみの付き合いだったこと、テイラーは上流階級出身だから労働者に与しないだろう、といった経営者の思惑もあったとされています。

　社長のセラーズは学級肌、かつ第1級の技師であり、その後のテイラーの研究の後押しをすることとなります。しかし、その後経営者が変わり、研究に対する支援を得られなくなり、1890年、35歳でミッドベール社を辞めることとなります。その後、テイラーはベスレヘム・スチール会社（当時、アメリカでUS・スティールに次ぐ鉄鋼会社）に移り、さらなる研究に打ち込むこととなります。

2-1.　組織的怠業と成り行き管理

　ミッドベールの工場でテイラーが目の当たりにしたのは、経営者や職長の目を盗んでは職場ぐるみで仕事を怠ける労働者の姿でした。これをテイラーは「組織的怠業（systematic slowdown）」と呼びました。テイラーはその原因を、物をたくさん作ればそれに応じて、多くの収入を得られる単純出来高給制の賃率が、経営者によって都合の良いように設定されていること、つまり賃率が会社側によって恣意的に上げ下げされていることに求めました。そのことが労働者と経営者の相互不信を引き起こしていると捉えました。これだけ作れば賃率を上げますといわれ、懸命に仕事をすると、一時は賃率が上がっても、じきに下げられ、という繰り返しではやる気が失くすのは当たり前です。

　例えば、皆さんがいくら売れば時給がこれだけ上がるという条件でバイトをはじめ、バイト仲間全員が懸命に仕事の工夫をしてたくさん売ったとしても、経営者に時給を下げられるとやる気が失せますよね。同じことを当時の経営者は繰り返し労働者におこなっていたわけです。

　テイラーは「どんな愚か者でも、より精出して働いたその報奨が2度も3度も出来高の賃金“切り下げ”を受けることになれば、その者はこのやり方に憤慨し、将来において対抗策を求める」と指摘しています。頑張って出来高（生産量）を増やせば賃率が切り下げられ、結局のところ働き損となるのであれば、いま以上の働きをしようとする意欲は生じません。

　テイラーによれば出来高給制そのものから組織的怠業が生じているというよりも、その根本に問題があったとされます。つまり、特定の仕事の遂行に要する標準、時間や手順がまったく把握されておらず、経験や勘、または直観

的、主観的あるいは恣意的に、この類の仕事に対してはこれくらい支払えばよいとの決めつけをしていた点に問題を見いだします。

作業のスピード、作業方法、使用工具などが場当たり的に判断されており、それゆえに報奨も賃率も結局は成り行きで決められていたのです（成り行き管理（drifting management））。

労働者が技術を習得する機会は、熟練労働者の仕事のやりかたを、懸命に観察を通して学ぶのみであり、結果、同一の作業において、多様な作業方法が存在することとなっていたのです。仕事の仕方も明文化されていませんでした。そのため労働者は、経験、勘、目分量（rule of thumb method）、または非客観的な基準で仕事をするほかなかったのです。

テイラーは成り行き的な生産方法の根絶することが重要であると考え、生産工程を徹底的に調査し、ある作業についての標準的な作業量を決めました。テイラーがおこなった生産方式の改革は労働者に労働に見合った賃金を保証し、より短時間労働で生産量を増加させることを可能としました。

2-2. 課業管理

テイラーは組織的怠業が生ずる原因を労使間の相互不信に求め、それを打開するためには、まず1日で労働者がおこなうべき、客観的な根拠に基づく作業標準「課業（1日の仕事量：task）」の設定が必要であると考えました。そしてその課業をいかに効率的におこなうか、という研究に取り組むこととなります。その研究を「課業管理」と呼びます。

成り行きと怠業の打破に向けて、管理者や経営者に対してテイラーは次の責務を掲げます。

- 管理者は、労働者の作業の各要素について、科学的管理を用い伝習的方法や目分量のやり方とそれを置き換えること
- 労働者が自分で仕事を選び自分で学んでいたこと、それらを管理者は労働者に科学的に訓練し、教育し、啓発させること
- 科学的な基準に適合して仕事がなされるように労使協働すること

- 従来は、管理を含む仕事の大部分を労働者に依存していたが、労使間での仕事の分業をおこない、管理者は管理の仕事を引き受けること

そして、テイラーは労働者の労働に対し4つの課業管理原則適用を示します。

①大きな日々の課業（a large daily task）

　その地位の上下を問わず、明確に定められた課業を毎日もたなければならない。この課業は少しでもあいまいであったり、また不定であったりしてはならず、周到かつ完全に定義されねばならない。そして、この課業は一流の労働者によってのみ達成しうるほど難しくなければならない。

②標準諸条件（standard conditions）

　各労働者の課業は、完全な1労働日を必要とするものでなければならず、と同時に、労働者には、その課業を確実に達成しうるように標準化された諸条件と器具が与えられるべきである。

③成功には高い支払い（high pay for success）

　労働者が課業を達成した場合には、確実に高い賃金が与えられなければならない。

④失敗の場合には損失（loss in case of failure）

　課業が達成されない場合には、労働者は確実にそのための損失を負わなければならない。

　なお、①と②に関して、各労働者の仕事は、管理側によって少なくとも1日前に前もって十分に計画され、そして各労働者は遂行すべき課業と、課業の遂行に使用される手段が詳細に記述された完全な仕様書を受け取る、としています。③と④に関しては、差別的出来高給制、が提唱されることとなります。差別的出来高制というのは、標準作業量を超えたものには、高い賃率が支払われ、標準に満たなかった者には低い賃率が適用されるという制度です。

　上記の責務や原則に沿うもの、または実現させるものとして、テイラーは、

動作・時間研究、職能別職長制度、工具と用具の標準化、計画室の設置、指図
票、などをあげます。これらは科学的管理法の基本的要件となるものです。次
に科学的管理法のコアの部分の研究、動作・時間研究と職能別職長制度につい
て説明いたします。

2-3. 動作・時間研究

　動作・時間研究とは課業設定に重要である研究で、今日でいう1日の仕事
の適正のノルマを設定するための研究です。

　テイラーは作業員が銑鉄（鉄鉱石を高炉で溶かした鉄で、小石の山のよう
に積み上げられていました。ズクとも呼ばれます）を、ショベルを使って貨車
に積み込む作業を例に、それがいかなるものかを説明します。テイラーが銑鉄
運びの工具をずっと観察していると、たいていの作業者は1日12.5tのズク
を運ぶが、一流の運び人は47〜48t運ぶことが判明しました。そこでその人
物の動作を細かに分解し、一動作の所要時間をストップウォッチで測ったので
す。

　これが時間研究、動作研究といわれる研究です。さまざまな形のショベル
を用い、積み上げてある銑鉄の山にショベルを押し込み、引き出し、そして運
ぶ作業を、そしてストップウォッチを用意し、その一連の動作と速さを、数千
回の測定をおこない、1日の適正な仕事量を算出しました。ズク運びという一
見単純そうな作業でも、ショベルを銑鉄の山に突っ込む動作、すくい出すとき
の動作、ショベルで積んだものを投げる動作など、実に多様な動作から構成さ
れていることが判明します。また、ショベルの長さや資材の置かれた状態など
によっても作業の時間は変わってきます。

　この研究によって、適切な工具や動作で作業した場合の「1日の標準作業量
（課業）」がわかります。課業を達成した者には高い支払い、そうでない者に対
しては低い支払いがおこなわれることが科学的に説明できます。つまり、根拠
のある基準や数値に基づき支払いがおこなわれるので、組織的怠業は生じない
ということとなるわけです。

2-4.　職能別職長制度

　テイラーは課業管理の研究を進めていく際に、「労働者が誰の指示を受けているか」「それは効率的なのかどうか」という問題に取り組むこととなります。従来、生産現場を管理しているのは工場長やその部下、あるいは請負人であり、1つの班の仕事の一切合切を取り仕切っていました。つまり生産に関するすべての業務は彼らに任されていたのです。このように生産に関するすべての業務の責任を負う万能型な人による生産体制を「万能式職長制度」といいます。

　テイラーは、この方式だと、職長の業務が多くなり、効率的な生産に対応できないとし、万能式職長の機能を8つの機能に分け、そのそれぞれに責任者（職長）を置きました。これを「職能別職長制度」や「機能式職長制度」といいます。この制度のもとにおいては、それまでの万能式職長の機能が8人の違った職長にとって代えられ、8人職長は各自に別々の責任を負うこととなります。

　また、テイラーは職長の機能を大きく、執行に関する機能と計画に関する機能に分けました。「執行と計画の分離」です。現場の労働者は、これに合わせて計画的要素の仕事は一切取り除かれるので、いうならば、肉体労働と頭脳労働が分離することになります。

　理解を容易にするために職能別職長制度を簡単に図化すると、図表2-2になります。現場の労働者は②で作成された「指図票」を受け取り、それに応じることが求められることになります。当然ながら、それ以外の職長からも労働者は指示や命令が来る可能性はあります。工場長から直接労働者になんらかの指示がくる場合もあるでしょう。しかし、これまで請負人に一切を任せていた機能を分割し、誰でもがその機能を担えるように（職能の範囲をそのように設定）したことで、作業効率は上がることとなりました。

　職能別職長組織のもとでは各職長がそれぞれの職に精通していることが必要となります。そのような職長の育成をテイラーはどのように考えていたのでしょうか。この点に関し、テイラーは分割された職長の職能に対しても課業管理原則を適用すれば、職長は短期間で養成できるとしています。

　さて、科学的管理法の導入前と導入後の主な数値を比較すると図表2-3のと

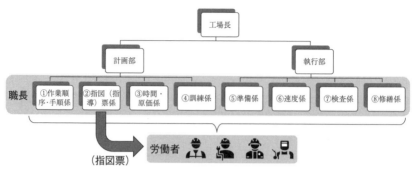

図表 2-2　職能別職長制度の指示・命令系統
筆者作成

　おりです。科学的管理法は驚くべき実績を上げたといえましょう。

　科学的管理は常に現場から得たものであり、極めて実践的なものであったため成功したといえましょう。しかしその管理法は工場管理法にとどまり、会社全体の経営という観点にまでは及んでいませんでした。しかしテイラーが会社経営に科学（経営学）を取り入れた功績は多大でした。とはいえ、科学的管理法を推し進めれば、仕事は標準化された単純作業に細分化され、労働者は画一的な反復業務を強いられ、人間が機械の歯車の如く扱われることとなります。そういった批判が生じ、晩年テイラーはその弁明に奔走することとなりました。

　テイラーがペンシルバニアの製鉄所で科学的管理法の研究に突き進んでいたころ、後に『沈黙の春（Silent Spring）』という環境保護の先鞭を切った本を著した研究者、R.L.Carson（R.L.カールソン）が同じペンシルベニア州に

図表 2-3　「科学的管理法」導入後の実績

	旧来の手法	科学的管理法
作業者数	400 〜 600 人	140 人
1 人あたり作業量／日	16 t	59 t
平均賃金	1.15 ドル	1.88 ドル
1 t あたりの平均コスト	0.072 ドル	0.033 ドル

出所：Taylor, F.W.（1911）（有賀［訳］（2009）p.83）より筆者作成

生まれていたというのは、興味深い事実です。もしかするとテイラーとカーソンは同じ風景をみていたのかも知れません。

3. 大量生産の時代 〜フォード〜

テイラーと同時期に産業界に傑出した経営者が登場しました。自動車王 H. Ford（H. フォード）です。自動車会社のフォード社（Ford Motor Company）は、皆さんも耳にしたことがあると思います。その創業者がヘンリー・フォードです。フォードは産業革命が加速する 20 世紀初頭、起業家が群雄割拠するのなかにあって、一際、光彩を放っています。フォードが牽引した「モータリゼーション（自動車が社会生活上の必需品となっている社会の状態）」は、人びとのライフスタイルさえも変えることとなりました。ここでは当時の産業界を牽引したフォード（社）の経営を紹介することとします。

20 世紀初頭、自動車は普通の労働者の年収の数倍の価格で、一部の富裕層が受注生産する贅沢な趣味としての乗り物であり、賞レースなどをして互いの自動車のできの良さを競っていました。当時、自動車はとても一般大衆には手が届くものではありませんでした。しかしフォードは、「フォード・システム（Ford System）」という極めて生産効率の高い生産方法を開発し、品質の優れた廉価車を販売することに成功しました。その結果、人びとは自動車を所有することによって、買い物や通勤のために町中（なか）に住む必要がなくなり、土地の安い郊外の一戸建てに住むことが可能となりました。フォードは自動車を「大衆の足」としたのです。

複雑で膨大な部品を必要とする自動車は、当然のことですが、各部品がピタッと合わなければ完成いたしません。このような複雑な製品をフォードはいかにして大量生産し、庶民が所有できることに成功したのでしょう。

Henry Ford: 1863-1947

3-1. フォード社創設の背景とその理念

　1863 年、農家の長男として生まれたフォードは幼いころから農業にはあまり興味を示さず、機械いじりが大好きな子どもでした。12 歳のときにフォードは道路を颯爽と走る自動車を見て、いつか自分の家のような農家でも買える自動車を作ってみたいという強い志をもちました。フォードは 16 歳のとき、デトロイトの機械工場の見習いとなりました。当時のデトロイトは近代機械化時代の中心都市となっていて、およそ 900 社の製造・機械関連会社が集中し、フォードの興味を惹くには十分すぎるほどの都市でした。フォードは 1985 年にデトロイトのイーグル鉄工所で、「オットー・エンジン（ガソリンエンジン）」の修理をするようになります。そこで、内燃機関の研究・開発、すなわちガソリン車の開発に没頭するようになり、そして、1891 年に発明王エジソンが経営する照明会社へ移り、エジソンの支援のもとエンジン研究を続けます。また、フォードは 1895 年には、ドイツで製造された「ベンツ自動車」を展示会で見て、車体の軽さの重要性が理解されていない自動車であると思い、ガソリン車の改良にさらに邁進していきます。

　デトロイトの W.H.Murphy（W.H.マーフィー）と彼の友人たちがデトロイト自動車会社を 1899 年に設立します。フォードは 1899 年にエジソン電気照明会社を辞め、そこで主任技師として働くようになります。

　しかし、この会社は高い値段の自動車を受注販売で販売することを重視し、フォードが抱いていた「安くて品質の良い自動車を大衆へ届ける」という考えと、会社の経営方針は違っていました。そのため、その会社も長くは続かず、フォードは 1902 年に辞めることになります。なお、この会社は「キャデラック自動車会社」と社名を変更し、後に、フォード社のライバルとなる「GM（General Motors）社」に買収され、GM の高級車の主力車種を生産していくこととなります。

3-2. フォード自動車会社の設立

　フォードは 1903 年に株主の出資を得て、「フォード自動車会社」を設立して本格的に自動車製造事業に取り組むことになります。フォード社の設立当

初、A型、B型、C型、F型といった複数車種を製造・販売していました。これらの売れ行きは好調とはいえず、販売台数も低迷していました。多くの車種を作っていたため、部品の数も多くなり、販売価格は他のメーカーよりも安いとはいえ、とても一般大衆が買えるものとはなっていませんでした。そのため株主から、富裕層向けの高価格での新型車種を生産・販売することが要望されましたが、フォードは高価格こそが生産台数が低迷している原因だと考え、一般の人びとへ向けて、安くて良い品質の自動車を提供しよう、そのような自動車を作れば必ず売れると思っていました。

　フォードは、「自動車に関して自らの好みをいえる顧客はせいぜい5％程度であり、そこにこだわる必要はない」と考え、残りの95％の人へ向けての自動車の製造を開始します。当然、株主からは反対の声が上がりましたが、フォードは経営権を完全に支配するため会社の利益で自社株の買い占めを進め、1906年に自社株式を51％になるまで購入し、会社の支配権を握ることとなります。それ以降は、フォードは思う存分自分の作りたい、大衆の足としての自動車の製造に心血を注ぎ込むこととなります。

3-3. T型車の衝撃

　フォードが経営の支配権を掌握した1906年以後は、徐々に、自動車の低価格が進み、それに伴い販売台数も増加し、1909年に車種を「T型」一車種の製造へ絞られてからは、図表2-4のようにT型車は驚異的スピードで売れ、それに連動し販売価格も年々驚くほど下げていきます。

　これはフォードが経営数値に基づく卓越した経営センスを有していたこと、そしてフォードが信念としていた「顧客の創造こそが企業の使命である（ときに『フォーディズム』とも呼称される）」と考えていた顕われです。T型車販売前夜のフォードの言葉に、彼の自信を垣間見ることができます。

> *Any customer can have a car painted any color that he wants so long as it black*
> *（黒色ならばどんな色の自動車の注文にも応じます）*

そして、T型車はフォードの信念に基づいた下記の原則に従い、生産されて

図表2-4　Ｔ型フォードの躍進

年	販売価格（ドル）	販売台数	純利益（万ドル）	平均賃金（ドル／時間）
1909	950	18,664	300	-
1910	780	34,528	400	0.25
1911	690	78,440	700	0.23
1912	600	168,220	1,300	0.25
1913	550	248,307	2,700	0.27
1914	490	308,213	3,100	0.60
1915	440	533,921	4,000	0.52
1916	360	785,432	4,500	0.54

出所：井原（2008）、喬（2011）より筆者作成

いました。

- 可能な限り最高品質の製品を常に大量に生産し続けること。生産を最も経済的な方法でおこなうこと。そしてその製品を市場へと送り出すこと
- 常に高品質、低価格、低コストの実現に向けて努力すること
- 賃金を徐々に、しかも着実に上げること。そして、決して下げないこと
- 消費者に製品を最も経済的な方法で供給し、低コスト生産のメリットを消費者へ還元すること

　これらの原則は、最終的には大衆への「奉仕」に集約されるとフォードは考えていました。奉仕とは、いつでも事業の基本政策であり、すべての会社の活動によって実行されるものでなければならず、また、奉仕とは、人々が何を求めているのかを把握することからはじまり、前述した諸原則に応じて、消費者の求める物を供給することを意味しています。

　消費者は、見方を変えると、工場の労働者でもあります。賃金が上がれば、工場の労働者も自動車を購入できる可能性が高まります。フォード社では、1914年に1日平均約2.4ドルから1日最低賃金5ドルへの賃金の倍増がおこなわれました。給料が倍になるということはまさに衝撃的な出来事で、フォー

ド社の採用窓口には連日数千人の希望者が押し寄せました。

　しかし、高い日給で本当に利益が出たのでしょうか。実はこの賃金アップはそれまでの9時間2交代制を、8時間3交代制という24時間工場をフル稼働させ、生産増を図ることと抱き合わせで実施され、結果的にフォード社に利益をもたらすこととなりました。もちろん生産に見合った売り上げがあったということはいうまでもありません。

3-4. 大量生産に向けての工夫

　T型車はボルト、ナットを含めれば、およそ5千もの部品から構成されていました。まずはその部品をどうやって生産するかが問題となりました。自動車の完成までに時間がかかっていた1つの原因は、部品の手直しでした。そこで、その時間のロスと無駄な作業を無くすため、部品の許容誤差を可能な限り縮め、どこで部品が作られようとも、その部品を組み合わせれば、自動車が完成することを目指すこととなりました。

　そこでフォード社においては、「単能機」の利用が徹底されます。単能機とは、1つの加工作業や目的に特化した工作機械のことです。複数の機能を有する機械であると、機能の切り替えや金具取り換えなどがあると狂いが生じる可能性が大きくなります。単能機はその可能性が減ります。

　くわえて、ベルトコンベアなどの「機械式搬送装置」も導入がおこなわれます。組立工程では、従来は、定められた場所で、完成に向けて人が動いて部品や工具を取りに行ってから部品を取り付け、組み立てていく方式でした。それをやめ、人を仕事のあるところへ行かせる代わりに、仕事を人のところへ持ってくることをはじめました（移動式組立方式）。つまり、作業者の前に必要な物がベルトコンベアによって自動的に届けられることとしたのです。それによって、組立時間がそれまでより大幅に短くなりました（部分によってはおよそ6分の1）。

　1台あたりの生産の時間が短くなることはそれだけより多く生産できることとなり、変動費（販売数の増加と比例して増加する材料などの費用）も減りますが、1台あたりの固定費（販売数にかかわらず発生する人件費などの費

用）も低減することとなります。仮に300万円の固定費で、1台の自動車しか生産できていないならば、1台あたりの固定費は300万円になります。しかし、2台ならば1台あたりの固定費は150万円、3台ならば1台あたりの固定費は100万円というように、1台あたりの自動車の固定費は低減していくことになります。このように生産量の増大とともに固定費が減ることを「規模の経済」と呼びます。

フォードは車種をT型車に限定、資源や材料の利用法の見直し、互換性部品に向けての徹底、単能機の導入、自動搬送装置の徹底によって低価格で販売しても利益が生じるような事業構造をつくり上げたのです。

フォード社が、需要に追いつき、大衆が自動車を安価で買えることを可能にしていったこと、それにより人びとの快適なくらしに、ならびにアメリカ経済の発展に大いに寄与したことはいうまでもありません。

では、労働者の労働生活はどう変わったでしょうか。流れ作業に加えてベルトコンベアなどの自動搬送装置の導入は、労働者自身ではなく、工場側が決める速度で労働者に作業をするよう要請することとなります。各労働者はその速度に合わせて決められた単純作業を繰り返すことになります。C.S.Chaplin（C.S.チャップリン）の映画『モダン・タイムス（1936）』にあるように、労働者をあたかも機械の一つの部品のようにみなす人間観は、後に疑問視されるようになります。

4. 企業買収と分権的事業部制の確立 ～ GM ～

20世紀初頭、フォード社以外にも多数の自動車が存在していました。そのなかでGM（General Motors）社は最も成功した自動車会社です。GM社は2人の突出した経営の才（2人の性格はかなり相違していました）に恵まれた人間によって創られました。

1人は創立者であるW.C.Durant（W.C.デュラント）です。彼は馬車製造で儲けた資金で、中小規模の自動車会社や部品会社を株式交換によって買収、ディーラー・システム（自車販売特約店）によって販売網を整備し、さらに割

賦販売会社を立ち上げるなどの戦略を展開しました。

　いま一人は、A.P.Sloan, Jr.（A.P. スローン Jr.）です。彼はデュラントの計画性に欠けた場当たり的な放漫経営によって危機に瀕したGM社を、確固とした経営戦略に基づき独創的な組織編成と財務管理により、傘下の会社を今日でいう「事業部制組織」を統制することによって立て直し、その後のGM社の経営体制を確立しました。

W.C.Durant: 1861-1947

　経営史家、A.D.Chandler, Jr.（A.D. チャンドラー Jr.）はデュラントとスローンの人となりを「デュラントは小柄で、活力に充ちた、心の温かい人物であった。誰もが彼を『ビリー』と愛称した。対するスローンは上背があって物静かで、冷静だった。聴覚が衰えると、いっそう近寄りがたさを増していった。たいていの人から『ミスター・スローン』と呼ばれていた。どれほど親しい仲間も『アル』、『アルフ』などと愛称で呼びかけることはまずなかった」と、タイプは異なるにせよ、両者が個性的・魅力的な人物だったとうかがわせる

A.P.Sloan, Jr.: 1875-1966

記述をしています。デュラントが「動」の人なら、スローンは「静」の人であったともいえるでしょう。

　さて、デュラントは会社の買収はしたものの、GM社本体と買収した会社の経営にはあまり関心がありませんでした。傘下に入った各会社はGM社直轄の事業所となっていますが、それらは、ただ単に集められたにすぎず、それぞれは敵対的あるいは無関心な関係にあり、とても同じGM社傘下の会社とは思えないような状態でした。

　1919 〜 1920 年の不況期に、業績が低迷し、GM社は倒産寸前の状態に陥ります。デュラントはGM社を去り、ピエール・デュポンがGM社の社長に、

スローンが副社長、その後社長になります。スローンはいまでは当たり前の
「事業部制組織」を完成させた人物です。

　スローンは「どんな財布（パース）にも、どんな目的（パーパス）にも適っ
た自動車」（フルライン戦略）を作ることを目標とし、下記の事業方針のもと、
傘下の自動車製造会社を統率します。

- 各事業部の最高責任者は、いかなる意味でも制限されない。各事業部は、
  あらゆる必要な機能を有し、筋道に沿いつつ十分な自主性をもって遂行
  する
- 全社の発展のためには、「中央組織（本社)」による一定のコントロールが
  絶対に必要である

　図表 2-5 からわかるように、1921 年の段階では、多様な車種がありますが、
同じような価格帯の自動車がひしめき合っています。ところが、事業部再編後
の 1926 年になると、完全に実現されたわけではありませんが、同価格帯の車
種の重複が避けられています。

図表 2-5　GM 社における車種系列と価格帯

1921 年の車種系列と価格帯		⇨	1926 年の車種系列と価格帯	
車種	価格帯 （＄）		車種	価格帯 （＄）
シボレー FB（4）	795-1,375		シボレー	525-775
シボレー 490（4）	1,320-2,075		ポンティアック	825
オークランド（6）	1,395-2,065		オールズモービル	875-1,115
オールズ（4）	1,445-2,145		オークランド	975-1,295
オールズ（6）	1,450-2,145		ビュイック	1,125-1,995
オールズ（8）	2,100-3,300		キャデラック	2,995-4,485
スクリップ・ブース（6）	1,545-2,295			
シェリダン FB（4）	1,685			
ビュイック（6）	1,795-3,295			
キャデラック（8）	3,790-5,690			

出所：Sloan,Jr.,A.P.（1963）、村上（2006）等を参考に筆者作成

　1921 年に実施された組織改革は 1925 年にはほぼ完成し、かつてデュラントが株式買収によって寄せ集めた会社はそれぞれがGM社の事業部として分割・統合され、名実ともにGM社本部の管理下におかれることとなりました。

　スローンは事業部制組織の確立のため、①現業部を編成し直すこと、②事業グループの主宰者を総合本社組織に組み込むこと、③本部スタッフの職能を拡大し、これらの職能を担当する部局を 1 つの「諮問スタッフ（Advisory Staff）」に統合すること、④財務・会計の部課を拡張すること、を基本方針として掲げました。最高意思決定をおこなうのは「本部組織（経営委員会、財務委員会）」であり、経営委員会のメンバーには、主要事業部からは 1 名、小さい事業部はまとめて、各グループから代表者 1 名が選出されました。

　経営を実行に移すのは事業部であり、各事業部は与えられた権限の枠内で、製造、販売、購買、人事、会計などの業務に関する意思決定をおこなうことができました。事業部に相当の権限を付与することは、各事業部に独立心を芽生えさせることとなり、フルライン戦略を推し進めるにあたって必要なことだったのです。

　スローンの改革は見事に功を奏し、1924 年には 18.8％だったシェアが、その 3 年後の 27 年には 43.3％に伸び、以後、長期にわたり、GM社は世界の自動車産業の「リーディング・カンパニー」として業界を牽引するとともに、分権的事業部制は「ビッグ・ビジネス」の 1 つの組織モデルとなったのです。

　1921 年以降、GM社はフォード社に徐々に追いつき、やがて追い越していくことになります。フォードの経営姿勢、ならびにT型車のあまりの成功からT型車は今後も売れ続けるという過信のもと、市場の変化に対応できなくなっていました。その結果、あらゆる消費者の嗜好と所得に見合った自動車を提供していたGM社の後塵を拝することとなります。

5. 人間関係論

　人が会社で働く動機は、産業社会（労働者が企業で働くが一般的な社会）が未成熟のころは、とにかく衣食住を確保するのに必死でした。しかし、社会が豊かとなり、働く場所も増えてくると、人はその能力に応じて自由に職場を選ぶことができるようになりました。労働力に見合った対価としての給料だけを支払えば、労働者は自ずと頑張って仕事をする（賃金動機）という経営手法がつうじなくなってきたのです。

　それでは人は、どのような職場で働くことを望んでいるのでしょう。その実験調査がアメリカのウェスタン・エレクトリック（Western Electric）社のホーソン（Hawthorne）工場で1920年代におこなわれました。その調査の結果、仕事量は職場の物的環境よりも職場内での人間関係の良否が優先するということが判明し、この実験調査で企業経営に心理学からアプローチする「人間関係論」という領域が誕生するようになります。ここでは、G.E.Mayo（G.E.メイヨー）やF.J.Roethlisberger（F.J.レスリスバーガー）といったハーバード大学の研究グループを中心にしておこなわれたこの実験内容、結果、その解釈の一部を紹介します。

5-1. ホーソン実験

メイヨー

　ホーソン工場での実験は、1927年から1932年までシカゴにあるウェスタンリック・エレクトリック社のホーソン工場（電信電話会社の電話機製造部門）でおこなわれました。このときおこなわれた実験は、「照明実験（ハーバードグループが入るまで会社の社員によって実験はされていた）」からはじまり、「継電器（リレー）組立作業実験」「第二次継電器組立作業実験」「雲母剥ぎ作業実験」「面談プログラム」「バンク配線作業観察」

でした。

　上記の実験のうち照明実験、継電器組立作業実験、面談プログラム、バンク配線作業観察を取り上げ、実験内容や実験結果を簡潔に説明いたします。

（1）照明実験

　職場の照明（照度）と生産高の関係について、つまり物理的環境条件が変化すれば生産高はどうなるのかを明らかにするための実験が 1924 年 11 月から1927 年 4 月までおこなわれました。

　工場のコイル巻き部所を対象に、そこでの工具を、照明を一定のまま変化させない統制群と、照明を徐々に変化させる実験群に分け、照明度によって両集団の生産高がどう違うのかを明らかにしようとしました。同じ経験をもつ工員が同数になるように 2 つの集団に分けられ、また両グループが競争意識をもたないように、互いに離れた建物で作業がおこなわれました。

　当初、照明度と生産高との間になんらかの関係が見いだされるであろうと考えられていましたが、結果は、両集団において生産高上昇が生じることとなり、その上昇幅もほぼ同じでした。照明実験では、照明度（物理的環境条件）と生産高との間にはなんらかの明確な関係があることを立証することはできませんでした。照度を落としても生産高が上がるといったこともありました。この結果から環境条件や作業条件とは異なるなにか別のものが生産高に影響を与えると考えられました。

（2）継電器組立作業実験

　照明実験の結果を受け、継電器組立作業実験が実施されます。1927 年 4 月から 1932 年 6 月にかけておこなわれ、労働時間における条件の変化と生産能率の関係についての実験がおこなわれました。

　実験の対象となった作業は、電話交換機用の継電器の組み立てであり、6 人の女性工員グループが選抜されました。経験を積んだ工員で技量に差がなく、自発的で協力的な者であるという条件のもと、2 名の女性工員が選ばれ、残りの 4 人の人選はその 2 名によって選ばれました。そして 6 人のうち 5 人が組

立工、1人がレイアウト・オペレーターでした。レイアウト・オペレーターは割当や材料の確保などをおこない、また監督の役目を任されていました。監督の役割はそこで起こったすべてのことを正確に記録し、かつ友好的な雰囲気を創り出し維持することでした。

休憩時間や軽食、集団出来高賃金の導入、労働時間の短縮、部屋の温度などの作業条件を変えて、実験が進められました。

結果、休憩を入れたり、軽食を入れたりしても生産高は上昇し、それを撤廃しても生産高は上昇傾向を維持しました。では、どこに要因があったのでしょう。そこで浮かび上がってきたのが工員間、監督者との工員の関係、つまり人間関係の良否です。それを解明するために、面談調査がはじまります。

くわえて、この実験の実験者として選ばれた工員は、「ハーバード大学の実験に選ばれたという誇り」が芽生え、自ずと「士気・団結心（モラール：morale）」が高まっていたとも考えられました。

(3) 面談プログラム

1928年9月から1930年3月まで実施されました。総計2万1,126名の従業員と実験員との面談がおこなわれることになります。

面談調査は当初、従業員がその仕事や作業条件に関し、好むか好まないかを中心に質問するという形式で進められました。しかし、好むか好まないかだけでは面談者が欲する話題（面談者に好印象を与える内容）へと、返答を誘導する可能性があるとして、従業員自身が面談内容の項目を選び、それについて語ってもらう方法へと変えました。

この面談調査の結果、語られた好き嫌い、あるいは不平や満足について、「もし工場内の人間から理解されたなら、働く意欲が湧く」というように解釈されました。と同時に、人の仕事に対する意欲は、会社とその人の関係というよりも、その人が置かれている生活環境・社会的現実と人の関係によって左右されるということも判明しました。社会的現実は工場内にとどまらず、個々人にとっての社外の社会的関係も含まれます。

面談プログラムは、感情や態度が引き起こされるプロセスを、対話から引

き出したにすぎません。その人が働いている実際の職場で、個人の感情が職場でどのようなかたちで反映されているのかをみたわけではありません。この点が解明するためにバンク配線作業観察がはじまります。

(4) バンク配線作業観察

　バンク配線作業観察は、より詳しく職場内の人間関係を調査するため、標準的な作業条件下で通常労働している就業中の 14 名の男性工員の集団に対しておこなわれました。その研究は、1931 年 11 月から 1932 年 5 月まで続きました。

　バンク配線作業は、接続器と選択器の 2 つの種類についておこなわれます。順序的にいえば、配線 → ハンダ付け → 検査を経て、この 2 種類の機器は完成になります。工員は計 14 名です。内訳は、6 名の配線工が接続器、3 名の工員が選択器、ハンダ付け工が 3 名、検査工が 2 名でした。

　この 14 名から構成される集団は、「集団出来高給制」が、時間給とともに適用されていました。時間給は人によって変わるものの最低賃金を保障する意味合いでした。

　観察の結果は次のとおりでした。各工員の時間あたり生産量は一定のままでした。ただし、これが各自の最大限の努力の結果というわけではありませんでした。生産量を上げることはできたがあえてしなかった、と故意に生産量を制限していた工員も確認されました。では、なぜ各工員は生産量を上げなかったのでしょうか。

　観察結果を検証すると、集団には、各工員の生産量を制限するような下記の暗黙の規範が有されていました。

①仕事に精を出しすぎるべきではない。もしあなたがそうするならば、あなたは"がっつき（rate buster）"である

②仕事をあまりにも怠けすぎてもいけない。もしあなたがそうするならば、あなたは"さぼり屋（chiseler）"である

③あなたは、仲間に損害を与えるようなことを上司に告げてはならない。もし

あなたがそうするならば、あなたは"密告者（squealer）"である
④おせっかいな行動をしたりしてはならない
⑤検査工であるならば、偉ぶってはならない

　当然ながら、上記は会社のルールや規範ではありません。自然発生的に生じたものであり、それが工員の行動に影響を与えていたのです。つまり、会社には会社が定めた「公式（フォーマル）組織」だけではなく、「非公式（インフォーマル）組織」が存在し、非公式的組織内で生じた集団規範を守ることが仕事量を左右するということが判明したのです。

5-2. 非公式組織の発見

　労働者の行動や態度を支配していたものは、仲間に受け入れられたいとする欲求でした。この欲求やそれを満たそうとすることは、人間の奥深くに根ざしたものであり、必ずなんらかのかたちで表出されることとなります。「所属」「親和」「帰属」ともいえるこの欲求は、人間が生きていくうえでとても重要なことであり、そのため、労働者が職場に望むものは、第1に、「他の人との社会的関係を保って生活すること」であり、第2に、「その社会の1人として集団にとって価値ある1人になること」である、ということになります。

　また、経営組織は1つの社会的システムであり、それは「技術組織（仕事で使用する物質要素）」と「人間組織」に分けられ、さらに人間組織には、「公式組織」と「非公式組織」が存在することが判明しました。公式組織は、会社の方針、規則、規定によって定められた人々の相互作用の形態で、組織図は公式組織の典型です。レスリスバーガーに従うと、「経済的目的に向けて何をすべきか、どうやって仕事に臨むかが反映されたもの」であり、「コストの論理（logic of cost）」や「能率の論理（logic of efficiency）」に基づいてつくられています。

　他方で、ホーソン実験を通してみられた人間関係は非公式組織の典型です。非公式組織は組織メンバー間に存在する実際の人びとの相互作用を意味することから、それは協働関係に不可欠であると位置づけられます。

　ホーソン工場の長期にわたる実験によって判明したことは、企業の生産性
向上のための指導者の主要な役割の1つは、従業員の抱えている感情の問題
を種々の方法で認識することであり、その行動によって従業員の協力を得るこ
ととなり、その結果、企業の生産性を高めるということでした。

5-3.　人間関係論に対する批判

　人間関係論は、科学的管理法や賃金動機だけでは説明できない側面とその
理由についてアプローチした研究でした。その研究成果は、仕事の「場」での
人間の心理的情況についての研究やその情況と人事管理の関係についての研究
を活発にしていきました。また、ホーソン実験を主導していたメイヨーは、こ
の結果に基づきつつ、「そういった人間の心理的情況あるいは本質を無視して
経営をおこなうことは、産業社会や文明社会が崩壊することになる」と主張し
ています。

　当然ながら、人間関係が良くても作業効率が上がらない、逆に人間関係が
悪くても作業効率が上がる場合もあり、良好な職場の社会システムが必ずしも
生産性の向上をもたらすことではないという批判もあるかもしれません。実
際、ホーソン実験のそもそもの妥当性やその結果の解釈の仕方には批判が多い
のも事実です。しかし、その批判を含めて、人間関係論は経営における人間観
や人間関係の影響について注目させた研究であると述べることができます。

6.　行動科学

　人は人生の大半をなんらかの仕事に費やします。では、その仕事にあなた
はなにを求めるでしょうか。人間の欲求充足の観点から、この問へと接近した
研究があります。それが1950年代に登場した「行動科学」と呼ばれる研究領
域です。

　行動科学の紹介にあたっては、研究がおこなわれた当時の社会的背景を知
ることが重要となります。つまり第2次世界大戦後に米国で生じた公民権運
動と進学率の上昇、そして「QWL運動（労働の人間化運動）」です。

6-1. 公民権運動とQWL運動

　1865年の南北戦争後の奴隷解放宣言とそれに続くアメリカ合衆国憲法の修正で人種差別は終わったわけではなく、黒人に対する根強い差別や排斥が続きます。違法であるにもかかわらず、「白人に限る」という言葉がみられるようになります。性別、出身国、宗教に関連する差別についても問題となり、企業内部でのその実態ついても目が向けられることとなります。差別の撤廃と法のもとでの平等、また市民としての自由と権利を求める公民権運動を経て、種々の法律制定または発令が生じます。一部示すと、雇用主および労働団体に対して性別に基づく賃金差別を禁止した「平等賃金法（1963年）」、雇用者が人種、皮膚の色、宗教、性別、または出身国に基づいて、雇用しないこと、解雇すること、または差別することを違法とした「公民権法（1964年）」が制定されます。

　また、1950〜60年代にかけて、急速に高等教育機関への進学率が上昇しました。1970年代はじめには、大学（短期高等教育機関を含む）進学率は50％を超えるようになっていきます。

　公民権運動や進学率の上昇のなかで、自ずと職場において人はどのように扱われているのか、ということについて人びとは強い関心を抱くようになります。

　実際、この時代、労働生活の質的向上運動あるいは労働の人間化と意訳される「QWL（Quality of Working Life）」の向上運動がアメリカのみならず世界中に生じます。QWLは、企業における作業様式、作業内容、監督様式など具体的な働き方それ自体の改善があげられます。

　こういった背景で、マズローの心理学、ならびに行動科学と呼ばれる研究が注目されるようになっていきます。ここでは、有名なマズローの「欲求階層説」の研究について解説していきます。

6-2. マズローの欲求階層説

　心理学者のA.H.Maslow（A.H.マズロー）は、それまでの精神分析学や行動主義論から導出された人間観に疑問を呈しました。第1に、人間というもの

は相対的あるいは 1 段階ずつ段階を踏んでしか欲
求を充足しないものであり、第 2 に、いろいろな
欲求間には 1 種の優先序列の階層が存在するとい
う事実にも然るべき注意を払わなかったようであ
る、と指摘したのです。

　マズローは人間が抱く多様な欲求を次の 5 つの
階層に分類して示しました。

A.H.Maslow: 1908-1970

①生理的欲求（physiological needs）

　　これは生命を維持していく活動に関する欲求
です。食欲、睡眠欲、性欲などがこれに相当します。

②安全の欲求（safety needs）

　　これは危険を回避し、安定と安全を得たいとする欲求です。戦争、病気、
天災、社会の崩壊時などの緊急事態において活発に出現されるとされます。

③所属と愛の欲求（belongingness and love needs）

　　これはいわゆる社会的欲求です。集団への帰属、自己の所属しているグ
ループ内で愛情に満ちた関係を切望する欲求です。

④承認の欲求（esteem needs）

　　この欲求は次のように 2 分することができます。1 つは、強さ、業績、妥
当性、熟練、資格、世の中に対して示す自信、独立と自由、に対する欲望
です。もう 1 つは、他者から受ける尊敬とか尊重の欲求です。

　マズローによると、上記の①〜④の欲求のほとんどは、「欠乏（欠損）欲求」
であるとも説明されます。欠乏欲求は、本来は満足されるべき欲求でありなが
らも、生得的に満たされているわけでない欲求であり、同時に、健康のために
外部から満たされねばならない欲求であるとされます。この欠乏欲求が十分に
満たされると、下記の⑤の自己実現欲求が生じてくると考えられています。

⑤自己実現欲求（self-actualization needs）

　これは自己充足への欲望、すなわちその人が本来潜在的にもっているものを実現しようとする欲望であり、他人の評価を気にせずに充足されるものであり、尽きることがない欲求とされます。

　①〜⑤の数字は喚起の順番が意識して書かれています。よってマズローの説は「欲求階層説」と呼ばれています。ただし、欲求階層説の言葉だけですべてを理解しないほうがよいです。下位欲求が完全に満たされなければ上位欲求が出現しない、というものではありません。これらのそれぞれの欲求がいかに喚起されるのかについては、マズローは「例えば、生理的欲求がある程度満たされるようになると、すぐに高次の安全欲求が出現してその欲求充足が重視されるようになり、安全欲求がある程度満たされるようになると、今度は所属と愛の欲求が出現し、その充足が重視されるようになる」と述べています。

　また、完全に固定的ではなく、人の周辺環境によっては前の欲求の充足が重視される場合もあります。くわえて、自己実現欲求の1つの特徴として、「自己実現する人は他の人々、特に若い人々の自己実現を見つめ、これを助けることに喜びを覚える」と述べるように、自己実現欲求は非利己的あるいは非個人中心的な欲求ともいえます。

おわりに

　マズローの研究は、アージリスやマグレガーといった研究においても、部分的ではありますが、援用されていくことになります。また、行動科学と呼ばれる研究がQWLの向上施策として取り上げられ、産業界でも注目されることになります。くわえて、これら研究は人事管理や労務管理といった研究領域のなかでも援用されるようになります。そのこともあいまって、上層部や計画部だけで一方的に、あるいは賃金第一であるとかの人間（従業員）観に基づいて設計された職務に、なんとかして人を適合させるという従来の方向性に対して、軌道修正の必要性が一層強く認識されるようになります。

　この時代は社会背景もあり、とりわけ「人」と「仕事」の関係が注目された時代であったと、そして現在も行動科学は経営学へと貴重な洞察を提供しているのです。

（執筆者：倉田・須藤）

《 推薦図書 》

➤　北野利信編（1977）『経営学説入門』有斐閣

➤　井原久光（2008）『テキスト経営学：基礎から最新の理論まで』ミネルヴァ書房

➤　喬晋建（2011）『経営学の開拓者たち：その人物と思想』日本評論社

第3章

組織と戦略

はじめに

　突拍子のないことをおたずねしますが、皆さんは「組織」と聞いてどんなことを連想しますか？　もちろん、本書を手にしている皆さんの頭には有名企業の名前が浮かんだのではないでしょうか。いやいや、アクション映画で出てきそうな「悪の組織」かもしれませんね。それとも、ひょっとすると有名な漫画の「海賊の一味」だったり。いろいろと思い浮かんでくるそれらは、おそらくどれも「組織」といえるでしょう。というのも、組織とは、複数の人たちが特定の目的や目標の達成に向けて、お互いに意思疎通をとりながら、力を合わせて行動していくものだからです。いかな「悪の組織」であってもなんらかの目的をもって「組織」され、ボスの命令に従って、部下がそれぞれに役割をこなしながら働いているのです。漫画やアニメで有名なあの「海賊の一味」もまた、世界の秘宝を探す冒険のなかで、仲間たちが能力を活かして助け合いながら難局を乗り越えていきます。現実の会社でも、事業活動をつうじて実現したい理念や目標を掲げ、その思想や社会的な意義に賛同した社員が集まり、割り振られた仕事をしています。

　会社は「社会」「経済」「市場」といった（外部）環境による影響を受けながら活動していくことになります。そのなかで、ライバル企業との競争に直面することもあるでしょう。会社は生き残るため、成長していくための「戦略」をもたなければなりません。それは、社内外（社会と社員）に示す会社独自の活動方針（理念）となります。

　例えば、大海原へ航海に出るにしても、目的地だけでなく、航路を的確に

設定しなければならないし、船舶を念入りに点検したり、不測の事態にも対応できるように十二分な物資の備えや船員の訓練もまた欠かせません。いざ出航！、となっても、不測の事態は起こるものです。航海を成功裡に進めていくためには、船長や航海士が知識と経験を活かして舵をとり、船員が指示に従って行動していかなければなりません。

　この例え話は、組織マネジメントの課題を示しています。経営者やマネジャーは、それぞれの肩書きに見合った権限と責任をもち、経営戦略を策定し、調整しながら遂行しています。それは、会社を取り巻く環境に適応させ、組織を存続させるためです。そのマネジメントが会社だけでなく、社会の役に立つのです。

1.　経営する組織のマネジメント

　はるか昔から人間は、狩猟民族であろうが農耕民族であろうが、仲間や家族と協力して生活の糧を得て、村や町をつくり、集団生活を営んできました。もちろんそれは人間に限らず、群れを成して狩りをするライオンやシャチなどの動物にも同じことがいえるかもしれません。そのようにみれば、集団行動をおこなっているさまざまな対象を「組織」としてみることができて面白いですが、それだとキリがないので、ここでは経営学の本として企業（事業）体である会社に焦点をあてて「組織」の解説をしていきます。

1-1.　なぜ人は組織をつくるのか

　私たちの身の回りには、家族をはじめ、学校、会社、病院、部活やサークル、ボランティア、推しのアイドルグループやバンドなどなど…、であふれており、自らもそれらの一員となっていることに気づくでしょう。筆者もまた、大学教員として私立大学に所属し、学内でも複数の委員会にも属しながら働いていますが、その職業柄、さまざまな学会や研究会といった学外の組織に所属して研究活動をおこなっています。このように、私たち人間は生まれながらにして、なにかしらの「組織」と直接的にも間接的にも関わり合いながら生きて

います。現代社会では、数えきれないほどの組織がそれぞれに連携して、私たちの生活を豊かなものにしたり支援してくれているのです。

　例えば、病院のなかには、医師、看護師、薬剤師、理学療法士…、他にも受付や事務など、いろんな職種のスタッフがいます。この多職種による医療は最初からそうであったわけではなくて、実は江戸時代のころの医療行為は医師がひととおりこなしていました。やがて、効率性を求めて看護や調剤などの分業化が進み、さらには分業化された各機能において専門的技術や知識の高度化が進んでいきました。そして、現代のような多職種の専門性を活かしたチーム医療が確立されるようになりました。いまや、医師1人では十分な患者治療はままならないのです。このことからも、組織は、1人では成し遂げられない困難に対して複数の人たちがおのおのの能力を発揮しうる役割に応じて分担し、その解決を目指して協働していかなければならないときにつくられるのです。

　現代社会では、（医療に限らず）高度に専門化された技術や知識が結集して、モノが作られたりサービスが提供されています。私たちが日常的に何気なく使っているスマートフォンは、まさに現代の高度に進歩した専門的な技術や知識の粋を結集した製品といえるでしょう。とはいえ、Apple社が手掛ける『iPhone』は同社のみで作られているわけではなく、他社が製造した部品や付属品の供給を受けて組み立てられています。つまり、各種技術に長けた複数の会社が連携して『iPhone』は生産されており（これを「バリュー・チェーン（垂直的連鎖構造）」という）、そしてauやsoftbankなどのキャリアと契約することで通信サービスやアプリケーションサービスを利用することができているのです（これを「バリュー・ネットワーク（水平的連鎖構造）」という）。このようにしてみると、会社は、組織内にとどまらず、産業の種別さえも超える「見えないネットワーク」によって結びついた協働システムといえるかもしれません。

　現代社会は、多分野にわたる数えきれないほどの高度な専門技術が会社などの組織を介してつながり合っています。これは組織間関係における分業といえますが、組織内でも生産や開発や販売といった職能による分業がなされてい

ます。技術や知識の開発スピードが日進月歩である現代にあっては、専門分化もさらに細分化され加速度的に進んでいきます。そのようにして複雑化していく分業化は、協働の過程において合理的かつ体系的に統合ならびに管理されなければなりません。その役目こそが組織マネジメントの範疇となります。

1-2. 「組織（organization）」という概念

では、経営学の観点から定義づけられた「組織」とはいったいどのように説明されるのでしょうか。先に述べたように、人間に限らず動物もまた組織立った集団行動をとります。つまり、「組織（organization）」とは、複数の仲間と協力してなにかしらを成し遂げるための「場」として理解できます。また、「組織する（organizing）」という語法から、それは動名詞として用いられ組織を成す「プロセス」を意味することもあります。組織をつくる過程にも組織だった行動のなかにも、誰かしらが取り仕切る役割を担うことになります。会社であれば、経営者やマネジャーと呼ばれるリーダー的存在がそれにあたります。

1938年にC.I.Barnard（C.I.バーナード）が著作した*The Functions of the Executive*（邦訳『経営者の役割』）では、まさに組織の形成と維持、すなわち管理こそが経営者の役割だと考えられました。彼は、その著書のなかで会社といった公に認められた（つまり、公式の）組織について、以下のように定義づけました。すなわち、

二人以上の人々の意識的に調整された活動や諸力の体系

この定義は、一見シンプルにみえますが、実際には理解しにくいと思われるかもしれません。というのも、彼は組織を、私たちが会社やなんらかの団体に対して日常的に使っているような抽象的総称のそれとして説明しているのではなく、さらには人間の単なる集合体として説明しているのでもありません。彼のいう「組織」を理解するためのポイントは傍点部分にあります。

では、ここで皆さん、ある状況をイメージしてみてください。あなたは晴天の休日に友達とドライブに出かけたとします。やがて山道に入り、しばらく走っていると、目の前に倒木が横たわって道を塞いでしまっています。おそら

く前日の台風で折れてしまったのでしょう。引き返すにも道幅が狭く、Uター
ンもできないし、山の中で電波も悪くスマホも使えません。仕方ないので、車
から降りて、友達とともにその倒木の大きさや重さを確認したところ、なんと
か協力して頑張れば路肩に退かすことができそうだと判断しました。とはい
え、大木のそれをどのように動かしましょうか。みんなで並んで押して転が
す？「てこの原理」で転がす？　いくつかの選択肢が考えられますが、その周
辺の状況や時間の都合などから可能性と安全性が高い方法を仲間と話し合いな
がら決めていくことでしょう。運良く、手頃な棒と石を見つけることができ
たので、「てこの原理」を利用して倒木を転がすことにしました。作業途中で、
手段や役割分担を変更したり、疲れた人と交代したり、声を掛け合いながらみ
んなが頑張って、なんとか明るいうちに倒木を路肩に寄せることができまし
た！

　このケースは、ドライブに出かけたあなたを含む友達「二人以上の人々」が、
道を塞いでいる倒木を退かして先に進むという目的のために話し合い、棒や石
などの道具を使いながら、協力して作業する過程「意識的に調整された活動や
諸力の体系」であり、そこにバーナードのいう組織が形成されたこととなりま
す。つまり、組織とは、目的を達成するために必要な各種資源を活用して適切
に機能させていくプロセスのなかに本質がみられるのです。

1-3. 組織に欠かせないもの

　組織には、「共通目的」「協働
意欲」「コミュニケーション」の
3つが欠かせません（Barnard,
C.I.（1938）pp.86-95）。これ
らはあらゆる組織にもみられる
ものであって、すべて揃ってい
なければ組織は実現し得ないと
いっても過言ではありません。
そのため、この3つを「組織の

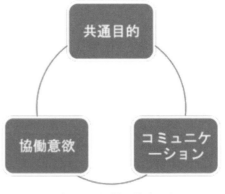

図表3-1　組織の構成要素
出所：占部（1978）p.37 より筆者作成

構成要素」といいます。先のケースでも、道路に横たわる倒木を撤去すること
が彼らの目的となり、友達関係から繰り広げられる密度の濃いコミュニケー
ションによって的確な手段を検討したりお互いの士気を高め合うことができ、
無事に撤去作業を終え、ドライブを再開することができました。

　言い換えれば、組織を構成するこの3要素は、組織マネジメントにおける
注視すべき要点であって、組織マネジメント上の課題もこれらを中心に生じま
す。

①共通目的（common purpose）

　いま、皆さんはなにか目標はおもちですか？目標は、例えば将来なりたい
職業であったり、なにかしらの資格取得であったり、営業や学校での成績で
あったり、とさまざまあると思います。では、その目標はなんのために達成し
たいのでしょうか？　将来、教員になりたい人は、教職課程を修了して、教職
免許を取得して、教員採用試験に合格するという過程を頑張ってクリアいかな
ければなりません。では、どうしてそこまで努力して教員になりたいのでしょ
う？　きっと、その理想とする教員像というのがあって、そうなりたいという
自己実現のためではないでしょうか。つまり、「教員になる」という目標は自
己実現のための目的となっているのです。よく「目標」と「目的」は混同され
がちですが、目的は個人の意図を含み、目標はその実現のための手段として設
定されるものです。そして、その目標は、数値や免許や合格といった客観的に
示されうるカタチで掲げることができます。

　会社は、企業理念などに組織の「共通目的」を表現し、その実現を目指し
て各種戦略を策定し、その戦略を遂行するために各部門・部署あるいは各従業
員個人がそれぞれの役割を果たしながら協働しています。そのため、実は従業
員はそもそも入社前にすでにその会社の共通目的は認識していて、スムーズに
協働できるのです。就職活動の際、大抵は、自己分析やら企業分析やらをつう
じて「自分に合った会社」「やってみたい仕事」「魅力的な会社」を選別してい
きます。そして、採用面接時の志望動機をたずねられたとき、志望者の多くは
こう述べるでしょう。「御社の企業理念に共感しまして…」。もうおわかりかと

思いますが、企業理念への共感は、つまり、その会社の共通目的を理解しており、その達成のために協働を受容するということを意味します。

　ただ、だからといって、自身の人生すべてをその会社に捧げるなんていう社畜的な発想は必要ありません。会社員であっても、本来は1人の人間です。たしかに、その会社で他者や組織と協働する以上は、社内の規則や上司からの指示や命令に従わなければならなかったり、職位や役職に相応しいキャラクター（これを「組織人格」という）が求められます。しかしながら、日本では職業選択の自由が認められており、その会社で働き続けるのも辞めるのも個人の自由です。つまり、組織のなかであろうと、個人は自律した固有の「個人人格」をもっているし、もち続けるべきなのです。経営者やマネジャーは、組織の共通目的を実現していく協働過程のなかで、従業員個人が自らの目標や目的をもって働けるよう指導していく必要があります。そうすることで、仕事に対する従業員の士気は高まり、組織の成果に結びつくでしょう。

②協働意欲（willingness to co-operate）

　上述のように、個人は自由意思をもつ自律した存在です。そのために、組織が協働のためのシステムとして成立するには、従業員の動機をその協働に結びつけなければなりません。わかりやすくいえば、その会社で働くと、従業員にとってどのような魅力があるのかを示し、期待させ、彼らの動機を充足させるにはどうしたらよいかということです。しかしながら、組織における協働では、いわば組織人格の形成を余儀なくされるため、少なからず意にそぐわないことも従業員にさせなければならないし、組織の都合によって従業員の活動や行動が制限されることもあります。また、実際のところ、従業員の労働意欲は個々人によって温度差があり、働く理由（動機）も人それぞれです。さらには、労働の意欲も動機も当人のなかで状況によって変化します。特に多様性がなにかと話題に上がる現代にあっては、経営者やマネジャーには、従業員1人ひとりの個性を尊重しながらも、彼らの協働意欲を組織の成果に結びつけられるマネジメント能力が求められるでしょう。

　仕事や職場に対する満足と協働意欲は相関します。つまり、「いまの職場で

は自分にとってやりたい仕事ができない」「いまの仕事は自分のキャリアにプラスにならない」「上司や同僚との人間関係がうまくいっていない」「給料が安すぎる」などの不満を抱えている人のなかには、転職サイトに登録して、現況とサイトに掲載されている会社情報とを比較しながら働いている人もいることでしょう。「転職したほうがマシ」と思ってしまうような会社に対して誰が協働意欲をもつでしょうか。パーソルグループのTVコマーシャルに「はたらいて、笑おう。」というフレーズが出てきます。たしかに、やりがいのある仕事や楽しいと思える仕事ができているという現実は、個人にとっても当然ながら良いことですが。そのようなモチベーションの高い従業員は組織の成果に好影響を与えてくれることでしょうし、優秀な人材が定着することになるのではないでしょうか。

　では、従業員の協働意欲を高めるしくみについて、非常にシンプルでわかりやすい理論を紹介して説明していきたいと思います。それは、以下の方程式に示されます。

$$I\ (Inducements：誘因)\ \geq\ C\ (Contributions：貢献)$$

　誘因とは、従業員を組織の協働に結びつけるための要素となります。例えば、給与や手当金やボーナスといった「経済的誘因」、その組織に所属することで付与される役職や地位、さらにはその組織に対する帰属意識といった「非物財的誘因」、そして、その組織に所属したり働くことで得られる名誉や誇り、あるいは実現しうる信条などの「心理的（主観的）誘因」があります。従業員の労働力を組織の協働活動に「貢献」してもらう対価として、組織はそれら誘因を提供します。つまり、従業員から充分な協働（貢献）意欲を引き出すためには、それに見合った誘因を従業員に与えなければなりません。

　しかしながら、その誘因が魅力的であるかどうかは従業員個人の主観によって判断されてしまいます。例えば、給料は生活に支障が出ない程度にもらえていて、それよりもその会社だからこそできる仕事に対してやりがいを感じているという従業員は、個人の心のなかで「I≧C」少なくとも「I＝C」の方程式が成立していると考えられます。

　この方程式で望ましい状況が成立しない、つまり「I＜C」と判断される場合、従業員は機会をみてその組織から積極的に去っていくことになるでしょう。日本では、新入社員や若手社員に対して、「成長の機会だから」といった抽象的なだけの意味不明な言葉を使って、業務を押しつけるだけ押し付けて疲弊させる悪しき慣習がいまなお残っている会社もあるそうです。そのような「やりがい搾取」は現代では即「ブラック企業」あるいは「パワハラ」認定されて、協働意欲を確保できないどころか、優秀な社員は「転職サイト」を使って逃げてしまいます。企業はそういった悪しき企業文化は改めたほうがよいでしょう。

③コミュニケーション：伝達（communication）

　組織が人びとの協働の場として存在し機能しうるのは、「コミュニケーション」をつうじて組織メンバーによる相互作用がなされるからです。当然ながら、協働の前提として共通目的が組織メンバーに周知されなければなりません。また、協働過程でも、進捗状況を確認したり、工程の調整をおこなったり、課題についてメンバー間で協議して解決策を検討する際においてもコミュニケーションが欠かせません。その他、非公式な場におけるコミュニケーションやちょっとした挨拶が社内での人間関係を円滑にしてくれて、職場の雰囲気を快適に（あるいは改善）してくれることも知られています。

　業務における情報伝達の手段には、口頭や文書やメモの他に、現代ではEメールやSNSなどさまざま取り入れられていますが、それらは情報の内容や性質、さらには伝達する相手に配慮して使い分ける必要があります。文書では一方通行になってしまったり目を通されず捨てられてしまうこともありますし、Eメールは送信記録が残ってよいのですが、受け手の確認が遅れてしまうこともありますので急ぎの用件には不向きです。H.Mintzberg（H.ミンツバーグ）によると、経営者やマネジャーの大抵の仕事は部下や取引先などと対面して、口頭でのコミュニケーションをつうじてなされることがほとんどであったと、彼の調査研究から指摘しています。経営者やマネジャーはいつも複数の課題を同時並行的に取り扱っていて多忙だということもありますが、状況が刻一

刻と変わっていくなかで、その場その場で決定を下したり調整していかなければならないので、口頭のメディアのほうがリアルタイムで都合がよいのです。

　また、バーナードは、「伝達技術が組織を形づくる。(中略) 組織の構造、広さ、範囲は、伝達技術によってほぼ決まるため、組織の理論を突き詰めると伝達が中心的地位を占める (Barnard, C.I. (1938) pp.89-91)」と述べています。ようするに、業務上の指示や命令が流れる指揮系統は、それすなわち、各部門や人をつなぐ情報伝達経路であって、その連携に組織の構造と協働過程をみることができるということです。まさに「コミュニケーションが組織をかたちづくる」のです。

1-4. 組織のカタチ

　とはいえ、組織は目に見えるものなのか？　なにをもってその「構造」とするのでしょうか。オフィスが入っているビル？　会社の建物？　たしかにそのような建造物もまた、組織に属する資源の一部ですが、それが組織というわけではありません。手っ取り早く組織の構造を「みる」には、インターネットで興味のある会社のホームページを検索してください。多くの会社が「組織図」を会社概要あたりに掲載しています。例えば、「パナソニック」は下図のようなグループ体制をとっています。

　パナソニックといえば家電をイメージするかたも多くいるかと思いますが、それは「パナソニック株式会社」のなかの「ホームアプライアンス事業 (社内分社)」が生産している製品に起因します。まず、パナソニックグループの組織図の特徴は、「ホールディングス」という形態をとっている点にあります。ホールディングス化を進める大手企業は近年多くみられます。

　パナソニックグループを例としてこのしくみを説明すると、「パナソニックホールディングス株式会社」が傘下に置く「パナソニック株式会社」などの子会社の大株主 (持株会社) として株式を保有し、それらの管理や統制をつうじて大局的な経営をおこなうというものです。ホールディングス化を進めるメリットには、親会社が経営を手伝ってくれるので子会社は自社事業に専念できるといったことがあげられます。

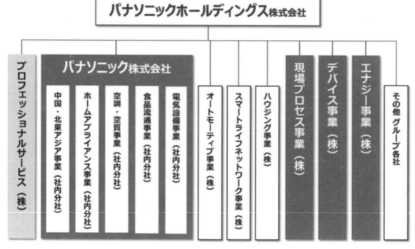

図表 3-2　パナソニックグループ組織図
出所：パナソニックホールディングス株式会社 HP より抜粋

　他にも、M&A（買収と合併）戦略を有効かつ効率的に進めやすいということもあげられます。例えば、買収した企業をそのまま傘下に収めることができたり、大株主が親会社なので敵対的買収を阻止することができます。逆に、そのデメリットとしては、例えば1つの子会社がなにか悪いことをして社会的なイメージを損なうと、他の子会社にまで悪いイメージがついてしまう恐れがあります。また、子会社を増やすとその分の経営者を育成しなければならないのですが、1から経営者にまで育てあげるには、当然ながら多くの時間と優れた育成ノウハウが必要となります。

　図中にある「社内分社（社内カンパニーともいう）」とは、この場合、パナソニック株式会社の各事業部門があたかも独立した会社として経営することを認めるしくみのことです。社内分社化によって、それぞれの事業部門が専念して事業を展開することができるので、外部環境への迅速な対応ができたり、意思決定の速度を高めることができるといったメリットがあります。ただし、事業部門ごとに独立採算が求められるため、それ相応の責任を負わねばなりません。

　実際の事例としてパナソニックグループをあげましたが、会社組織の基本的かつ根本的な構造は、「機能別組織」と「事業部制組織」に大別されます。

①機能別組織

　単一事業を展開する中小企業であったり、社内分社化した事業部であったり、あるいは起業間もない会社は、機能別組織を基本とした形態をとっていることが多いです。この組織形態は、社長をトップとしてその下に、研究開発や生産、営業や販売、経理や総務といった経営に必要な職能が分業化され、それぞれが専門部署として編成されます。そこでは、社長が各部署に対して直接的に指揮し、それを受けて各部課長（いわゆる、中間管理職）が、それぞれの専門部署の管理をおこないます。このように命令・指揮系統における階層（ヒエラルキー）がはっきりとなされていることから、ピラミッド型組織ともいわれます。

　この機能別組織は、文字どおり職能ごとに分けられるため、各部署単位において専門性に集中して従業員のトレーニングをおこないやすく、業務の質を高めやすいといったメリットがあります。しかしながら、それは必然的に「縦割り組織」になりますので、部門間の「みえない壁」によるセクショナリズムを発生してしまうおそれがあります。セクショナリズムは部門横断的な協働を阻害し、組織内の人間関係も希薄になったり粗悪なものにしてしまう原因になります。さらには、組織の柔軟性が損なわれて市場環境の変化から取り残されてしまったり、顧客対応において「たらい回し」が頻発して不信感を抱かれてしまったり、従業員の士気の低下やいじめの発生によって離職者を増やしてしまうといった弊害を生んでしまいます。そのような症状がみられてからでは、

図表 3-3　機能別組織
筆者作成

すでに事態は手に追えない局面にまで深刻化していて、改善には骨が折れてしまいます。そうならないように日ごろから予防策を打っておかねばなりません。例えば、全社的なコミュニケーションツールを導入したり、部門横断的なプロジェクトチームをつくるなどして、部門間の風通しを良くしておく必要があります。

②事業部制組織

　事業部制組織は、会社の成長や事業の多角化を狙い、新たに事業部を設置して複数の事業部体制で運営される組織形態です。いまでは大手企業の多くがこの形態をとっていますが、日本企業ではじめて事業部制を採用したのは1933年のことで、それが既出のパナソニックグループ（旧・松下電器）といわれています（高橋ら（1998）p.81）。

　この組織形態の特徴は、"社長"を含むトップマネジメントの下に各種事業部門が横並びに配置される組織形態ですが、その両者の間に「本社スタッフ」が設置されているのがポイントです。トップマネジメントとは、社長1人を指すのではなく、複数名からなる全社レベルの意思決定を下す責任者、いわゆる経営陣のことです。ニュースや経済誌で目にするCEOやCOOがその一例です。

　CEOとは、Chief Executive Officer（最高経営責任者）の略称で、企業経営

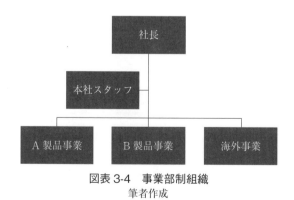

図表 3-4　事業部制組織
筆者作成

における方針や戦略策定に対して社内で最も重い責任と権限をもつ経営者です。例えば、Amazon.comの創業者の1人であるJ.P.Bezos（J.P.ベゾス）氏や若くしてFacebook（現Meta）を創業したM.E.Zuckerberg（M.E.ザッカーバーグ）氏などが有名ですね。

　COOとは、Chief Operating Officer（最高執行責任者）の略称です。この役職はCEOが決定した企業の方針や戦略を実行に移す責任者となります。実際の現場業務を統括する役割を担うため、事業の成果に対して大きな責任を負う立場となります。そのために、CEOの右腕であり社内の実質的なナンバー2となります。Appleの現CEOであるT.D.Cook（T.D.“ティム”・クック）氏はもともとCOOでしたが、S.Jobs（S.ジョブズ）氏が亡くなられた後にCEOを引き継ぎました。

　その他、この「C x O；Chief（責任者）＋ x（機能の頭文字）＋ Officer（執行役）」には、CTO（Chief Technical Officer；最高技術責任者）、CFO（Chief Financial Officer；最高財務責任者）、CIO（Chief Information Officer；最高情報責任者）、CSO（Chief Strategy Officer；最高戦略責任者）、CMO（Chief Marketing Officer；最高マーケティング責任者）などなど、実はたくさん存在しますが、全種類の最高○○責任者を擁していなければならないわけではなく、会社の戦略や方針に則って必要なポストを設けることになります。また、どの会社でもこのような役職をトップマネジメントに据え置いているわけでもありません。株式会社であれば、数名の取締役（外部取締役を含む）から代表取締役社長が選出されますが、この取締役会という組織がトップマネジメントの機能を果たします。

　さて、事業部制組織はその名のとおり、複数の事業部をもちます。事業部と一言でいってもさまざまで、取り扱う製品群で分類される製品事業部、海外を含む地域での事業に対応する地域事業部がありますが、他にも、ターゲット顧客ごとに事業部を分けたり、特定の事業部を支援したり顧客対応をおこなうサービス事業部なども必要に応じて設置されます。各事業部は、それぞれの事業範囲の中で意思決定を下せる分権化が進んでおり、その責任のもと自律的に活動することができます。ただ、注意すべき点もあります。例えば、事業部を

やみくもに増やすと組織の統制が難しくなり一貫性が損なわれたり、資源やコストにおいて多くの無駄が生じてしまい財政を悪化させてしまう事態に陥ってしまいます。

　つまり、事業部を増やすということは経営における負担を増大させたり難易度を高めてしまうことになります。その点をカバーするために、「本社スタッフ」が設置されるのです。本社スタッフは、トップマネジメントの経営機能、例えば全社的な財務や業務に係る管理の面で補佐する部門組織です。市場・社会環境の複雑化や多様化が進むにつれ、企業経営や組織マネジメントもまた複雑になっていきます。事業部制組織にあっては、事業部が増えた分だけ企業活動の幅が広がりますので、より経営が難しくなります。極端な話ですが、トップマネジメントが社長１人である場合、事業部制組織を円滑に回していくことは物理的にも能力的にも不可能でしょう。経営者が各事業部の運営に不足する時間と知識や経験を本社スタッフが補うのです。例えば、各事業部で情報システムを刷新する際は、情報管理のエキスパート部門が活躍してくれるでしょう。

　昨今の企業経営のテーマとして、SDGsを意識した取り組みが注目を集めていますが、セブン＆アイ・ホールディングスは「CSR統括委員会」という組織を擁しており、ここがそのような対応を協議するものと考えられます。このようにして、企業経営は変化し続ける周辺環境の技術やトピックに対応していくため、経営者の意思決定を支える種々の専門家が組織マネジメントに必要となります。

　これまでみてきた機能別組織や事業部制組織は、組織の経営機能をそれぞれに分業化し調整されて表現された「形態」といえます。当然ながら、会社は千差万別ですので、必ずしもこれらいずれかの構造に分別されるわけではありません。会社は事業を継続していく年月とともに「成長（変化）」していく生き物のようなものです。組織が成長する姿は「経営戦略」によって直接的に大きな影響を受けます。つまり、組織図はその会社の理想像（方針や理念）を実現していくための経営戦略を映し出して描いた自画像のようなものといえます。

1-5.「組織の責任者」＝「マネジャー」

　会社組織は、組織図にみられるように事業部門や職能部門のサブユニット
が集合してその全体が構成されています。トップマネジメントとそのサブユ
ニットの責任者を総じてマネジャーと呼びます（Mintzberg, H.(2007)）。では、
彼らは組織の責任者としてどのような仕事をしているのでしょうか。

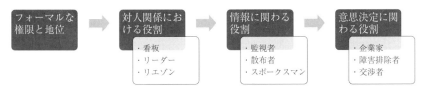

図表 3-5　マネジャーの役割
出所：Mintzberg, H.（2007）p.22 より筆者作成

　マネジャーは、それぞれの地位において責任を負うことになります。その
地位は組織から公式に与えられる、いわば「肩書き」になります。社長の他に、
○○部長とか○○課長などですね。つまり、マネジャーはそのような役職に就
くと同時に、その肩書きに見合った権限を与えられ、その役割を全うする責任
を負うことになります。その役割は、上図にあるように、大きく分けて「対人
関係における役割」「情報に関わる役割」「意思決定に関わる役割」の３つがあ
ります。

①対人関係における役割

　マネジャーの業務時間の大半は組織内外の対人接触に費やされます。組織
公認の地位（役職）は、当然ながら組織機能の一部となりますので、その役割
に応じた対人関係がつくられます。つまり、誰と・どのタイミングで・どう接
触して情報のやりとりをするかが、個人の意図にかかわらずある程度決まって
きます。この対人関係における役割には、「看板」「リーダー」「リエゾン」と
しての役割があります。

　マネジャーは担当組織の長として「看板」的役割を担います。例えば、部下
の結婚式に出席したり、来賓をもてなしたり、部門責任者として必要書類にサ

インしたり、とさまざまあります。いずれも業務上の重大性には直結すること
はあまりありませんが、組織内外の対人関係を円滑に保つために必要なことで
す。

マネジャーは組織の成果に責任をもつため、組織メンバーに対して、業務
上の指導をおこなったり、鼓舞して士気を高めたり、人間関係に配慮したり
と、リーダーシップを発揮していかなければなりません。

マネジャーは担当組織の外部の同僚や人たちとも接触をもちます。リエゾ
ンとは「橋渡し」という意味があり、マネジャーは外部とのネットワークをつ
うじて、より多くの情報を調達したり共有することで、いざというときには部
門（組織）間の助け合いもスムーズにおこないやすくなります。

②情報に関わる役割

対人接触は主にコミュニケーションを目的としておこなわれますので、次
いでマネジャーには「情報に関わる役割」が発生します。このとき、マネ
ジャーは組織の神経中枢となるのです。その役割機能は、さらに「監視者」「散
布者」「スポークスマン」の３つに細分化されます。

マネジャーは自らの部下との接触、リエゾンとしての外部との接触をつう
じて情報を獲得し、組織を取り巻く環境や業務の状況について常に監視してい
ます。そして、獲得し保有している情報を部下に提供（散布）します。部下の
間でも接点をあまりもたない場合がありますので、その際はリエゾン的役割
（橋渡し）として仲介することもあります。

マネジャーは必要に応じて組織内の活動内容や財務状況等に関する情報を
関係者（取締役やステークホルダー）に報告する「スポークスマン」としての
役割を演じます。社内においても他のマネジャーに対して共有が必要な情報を
提供し、協力を促します。

③意思決定に関わる役割

収集した情報は意思決定に必要なインプットとなります。策定された戦略
はその内容のまま最後まで完遂されることはほぼなく、進行過程において大な

り小なり変更や調整を要します。その際、組織の神経中枢たるマネジャーこそが意思決定者として重要な役割を果たすことになります。意思決定者としてマネジャーは、組織における「企業家」「障害排除者」「資源分配者」「交渉者」の役割を担います。

　組織を取り巻く環境は常に変化しています。マネジャーは「企業家」として、その変化に対応すべく、組織に変革をもたらさなければなりません。そのために、マネジャーは組織内外から得た情報をもとにアイディアを模索し、部門間のネットワークを活かしてプロジェクトチームを組織し組織変革の成功に努めます。

　組織運営にあたっては、どうしてもなにかしらの障害が起こってしまうものです。その際の対応をマネジャーが責任をもっておこなう必要があります。その障害の排除も、組織の戦略や業務を進めていく過程の 1 つとなるのです。

　組織の戦略策定に際して、マネジャーは経営資源をどのように分配したり調整するかを決定しなければなりません。マネジャーは戦略の内容を大局的に理解して、関連する事項がそれぞれどのように作用し合うかを想定したうえで、慎重に資源分配していかなければなりません。

　意思決定の過程において、マネジャーは相当な時間をなにかしらの交渉にかけていくことになります。例えば、経営者は労働組合との折衝の際、社員の要求に対して理解を示しながらも、企業の財政状況を踏まえて、互いに納得のいく妥協点を探っていかねばなりません。組織の責任者にとって、交渉は担当組織を改善していくために欠かすことのできない重要な役割となります。

　以上のマネジャーの 10 項目にわたる役割は、いずれもマネジャーの業務責任を全うするうえで統合されて実践されていきます。マネジャーというポジションは組織から与えられる公式の権限と責任をもつため、彼らにはその役割を果たす義務が生じます。しかしながら、その義務を果たすために決まったマネジャー像というのはありません。もし皆さんがマネジャーになるときは、ぜひ自分らしさを発揮してユニークなマネジャーになってください。そのほうがきっと楽しいですよ。

2. 「組織は戦略に従う」

前節で「組織図は経営戦略を映し出した自画像のようなもの」と述べました
が、実はこれ、チャンドラーの著書名『組織は戦略に従う（ただし、原著名
は *Strategy and Structure*）』からインスパイアされた言い回しでした。つまり、
会社は戦略という方針に従って、成長を目指したり、新たな事業を展開してい
きますが、その活動主体となる組織はその戦略遂行に対応できる形態へと変化
していくことになるのです。まさに、「組織は戦略に従う」のですね。

経営学には 120 年もの歴史があり、経営戦略については 1960 年ごろから文
献で確認されるようになったので、その研究の歴史は浅いと思われるかもしれ
ません。いうまでもありませんが、「戦略（strategy）」という単語は本来は軍
事用語ですが、チャンドラーが彼の文献で転用したのが経営戦略論のはじまり
となっています。

2-1. 経営戦略

一度創設されたゴーイング・コンサーンとしての会社は、社会や消費者の
生活、取引先、従業員などステークホルダーに多少なりともなんらかの影響を
与えることになるため、事業を継続していかなければなりません。したがっ
て、各種企業は、競合他社がひしめく市場という戦場をどうやって生き抜い
ていくか考えて実行に移して、企業の成長を目指したり、事業を継続できる
だけの成功を収め続けなければなりません。そのために「戦略（strategy）」が
必要となります。企業経営に置き換えるとそれは「経営戦略（management/
corporate strategy）」となりますが、以下に経営学研究者によるその定義を解
説していきます。

> *経営戦略とは、組織活動の基本的方向を環境とのかかわりにおいて示すもので、組織の諸活動*
> *の基本的状況の選択と諸活動の組みあわせの基本方針の決定を行うものである*

（伊丹 (1984) p.19)

　この定義の要点は、経営戦略とは組織活動の方向性を規定する意思決定の内容を示すものだということです。そして、その組織の舵取りは組織内外の環境に適合あるいは適応した方法や手段をもってなされなければなりません。また、「組織の諸活動の基本的状況の選択」とありますが、これは例えば、その会社の事業分野を定めることであり、その事業に必要な「経営資源（ヒト・モノ・カネ・情報）」を調達し合理的に組み合わせて生産活動に適用していくプロセスを検討することです。さらに、「諸活動の組みあわせの基本方針の決定」とあるように、会社の強みを開発したり強化するためには、どの経営機能を・どのようにして組みあわせていくかの検討も必要となります。

　例えば、技術力に長けた会社であっても、その能力が「売れる」商品づくりに活かされないと意味がありません。その際、技術開発部門と商品企画部門とが協働していくことで、技術開発部門のスタッフは商品企画のノウハウを学習することができ、逆に商品企画部門のスタッフは自社の技術を学習することができます。そのような「組織学習」をつうじて、自社の強みとなる技術力を活かした革新的な商品が生まれる可能性が高まります。

　企業経営の「戦略」は大きく分けて3つの階層から構成されます。

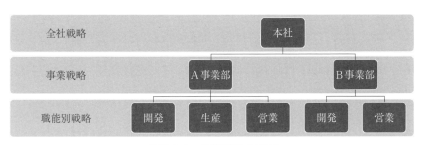

図表3-6　経営戦略の階層
出所：グロービス・マネジメント・インスティチュート（1999）p.11 より筆者作成

（1）全社戦略（corporate strategy）

　トップマネジメントが1つの会社としてどのような事業ドメインで活動していくか、つまりビジネスの方向性を決めます。上図のような事業部制組織であれば、全社戦略は、各事業部を同一の方向にむけさせて協働を促すための共

通目的として機能することになります。そのため、各事業部門がそれぞれの役回りのもと全社戦略に貢献できるよう、トップマネジメント（本社）側は各事業部に対して適切に資源分配をおこなっていきます。

　また、全社戦略を策定する際、事業部間のシナジー（相乗効果）を想定することもビジネスをより有利に進めていくうえでは必要となります。例えば、A事業部が蓄積している技術や知識を他の事業部の運営に転用して、新商品のアイディアに結びつけたり、事業部間で同一の流通チャネルを共用するなどがあげられます。

(2) 事業戦略（business strategy）

　全社戦略の運営において、個別の事業部に求められる役回りを検討し、活動方針を決定していきます。このとき、事業部の取扱商品や事業内容、さらには全社戦略において配分された資源などが事業活動の制約となりますので、その範囲内で責任者（事業部長ら）は意思決定していかなければなりません。この事業部レベルでの戦略策定にあたっては、全社戦略との整合性を図ることは当然ですが、さらに事業部内の各職能レベルのオペレーションについても調整していかなければなりません。

　加えて、事業部間の協業によって想定しうるシナジーの効果について検討する機関を設置して運営していくことで、部門横断的な有意義な協働を促進することができると考えられます。

(3) 職能別戦略（functional strategy）

　事業部内の業務は、各職能部門にそれぞれ分業されて実行されます（図表3-6参照）。そのため、事業戦略の遂行にあたっては、当該事業部の責任者と各職能部門の責任者がともに実行計画を検討し合い協働していくことになります。つまり、職能別戦略は、事業戦略を前提として職能部門ごとに目標を設定し、その目標の達成計画を練ったものになります。この業務レベルの意思決定の権限は、その専門家たる各部門に委譲されています。

　企業にとって市場競争における優位性（つまり、「競争優位」）は、これら社

内の職能から形成されます。例えば、他社には真似できない先端技術の開発力であったり、非常に優れた生産システムであったり、従業員のやる気を引き出す人材マネジメントのノウハウ、自社独自のデザイン力…etc. このような競争優位を生み出す源泉を発掘するのも経営における重要な課題となります。

2-2.　戦略策定の分析 ～5フォース分析～

　企業は、事業（ビジネス）をつうじて市場に介入し、そのなかでライバル企業と競合します（図表 3-7 参照）。そのため、このレベルでの戦略は「競争戦略（competitive strategy）」と言い換えられます。競争戦略を策定するにあたって、まず会社と環境との関係を分析することが重要となります。M.E.Porter（M.E.ポーター）は、競争状態を決める 5 つの要因を提示しており、経営者やマネジャーはそれぞれの競争要因を分析したうえで、それらによる圧力あるいは脅威に対抗する防衛策を講じるべきだと教えてくれています。

　その 5 つの競争要因とは、「新規参入業者」「供給業者」「買い手」「代替品」「競争業者」です。下図をご覧いただくと、図の中央部分が、同一市場内における既存の参入業者の競争状況を示しています。自社にとって、実力差はどうあれ、競争業者との敵対関係は直接的に脅威となります。

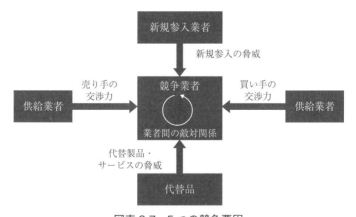

図表 3-7　5 つの競争要因
出所：Porter, M.E.（1980）p.18 より筆者作成

　また、当該市場における競争状況は、新規参入業者の登場によって大きく変化する可能性があります。この新たな局面に対しても、潜在的なライバル企業の動向を常に注視して備えておく必要があります。さらに、環境の変化から生まれてくる代替品の登場もまた脅威となります。これもまた、新規参入業者と同様に市場競争におけるゲームチェンジャーとして大きな影響を及ぼす可能性がありますので、関連産業における技術の革新や発展に対してもしっかりとアンテナを張って情報を得ておくようにしましょう。

　そして、サプライチェーンにおけるステークホルダーとなる供給業者（サプライヤー）と買い手（顧客）との関係もまた、競争状況に影響を及ぼす要因となります。すなわち、取引における交渉において自社にとって不利な条件を強いられる状況では、生産あるいは販売の局面で充分な成果を生み出せないおそれがでてきます。例えば、売り手の交渉力が強くて、もし仕入れ価格が想定よりも高くなってしまった場合、生産コストを高めてしまうので、その高騰分を価格に反映しなければならなかったり、価格は据え置く場合は利潤を低く設定しなければなりません。逆に、買い手が親会社であった場合、厳しい値下げを要求されたり、納期を急かされたりして、業績が低下したり、社員が疲弊してしまい離職率が高まるなど、経営悪化に陥ってしまうリスクが高まります。これらを防ぐための一つの手段としては、複数の供給業者あるいは買い手をもつことです。そのために、業界のネットワークを広げたり、自社特有の技術力などの強みを活かして新たな市場を開拓するなど、積極的に活動していくことが求められます。

2-3. 競争のための基本戦略

　上記の5つの競争要因の影響を回避して、競合他社との市場競争に打ち勝つために、以下の3つの戦略が基本的なものとして示されます（Porter, M.E.（1980）pp.56-64）。

(1) 低コスト戦略

　これは生産効率性の向上とコスト削減を同時に追求し、市場における価格設定のイニシアチブをとることを目的とした戦略です。そのため、生産設備への積極的な投資をおこなったり、大口顧客を獲得したり、生産のみならず企業活動全体のコスト管理に努めなければなりません。そのようにして競合他社よりも製品単価を下げることができれば、当該業界内に影響力の強い競争要因が発生したとしても、他社に比べて高い収益を維持できる可能性が高まります。

　例えば、フォード自動車会社は今から 100 年ほど前に、フォード・システムなる自動車の大量生産システムを開発し、低コスト戦略を実現しています。フォード社は、生産する車種を「T型」のみに限定してその製造ラインを自動化することで生産性を飛躍的に向上させ、自動車の単価を引き下げることに成功しました。この低価格を実現したT型は当時未開拓だった大衆市場において売れに売れ、フォード社は一躍有数の自動車会社へと成長し、創業者社長のヘンリー・フォードは米国の自動車王と呼ばれるようになったのです。

(2) 差別化戦略

　市場が飽和状態であったり、コモディティ商品（種々雑多な日用品などの商品）で溢れかえっている状況である場合において、この差別化戦略が有効です。商品を差別化する方法としては、ブランディング（商品価値を認識してもらう活動）、ユニークなデザイン、品質や価格の高級化、先端技術の活用などがあげられます。この方法によって、商品をつうじて買い手に対して特別な付加価値を提供することができ、企業側は顧客ロイヤルティを獲得することができます。そのため、新規参入業者や代替製品が登場したとしても、顧客と彼らから得られる収益を安定的に確保することができるようになります。

　差別化戦略においては、コストは度外視する傾向にあり、また、特殊すぎる差別化商品を展開してしまうと、狭い市場のなかでおおよそリーズナブルではない価格を提供することになり、買い手がつきにくいということになりますので注意が必要です。そのような事態を回避するために、事前の市場調査は充分におこなわなければなりません。

(3) 集中戦略

　これは、「選択と集中」を体現したものであって、特定の顧客層や商品、あるいは特定の地域市場を選択し、経営資源を集中的に投入することで生産性を高めたり、その企業特有のビジネスを展開する戦略です。この戦略の大きなメリットとしては、低コスト戦略と差別化戦略のいいとこ取りができる点です。

　ここ最近の市場トレンドであったと思われますが、巷では「高級〇〇」の専門店をよく目にするようになりました。このビジネスモデルはまさに集中戦略をうまく活かしたものといえます。この事例として、ひょっとすると皆さんの頭のなかには「高級食パン」が浮かびませんでしたか？　この業態では、高級品質の商品であったとしても、取り扱う商品を単一品あるいは少数品に限定することによって、高品質の原材料をまとめて一括で仕入れることができ仕入原価が抑えられます。また、同一の生産設備を用意し製造マニュアルを作成しておくことによって、均質かつ高品質の製品を大量に生産することができます。そのため、製造原価を抑えることができているにもかかわらず、コモディティ商品に比べて高価格を設定して販売することができるため、利益率を高めることができます。

　とはいえ、この「高級食パン」は、消費者にとってプレミア商品ですので、利潤最大化を追求するためにフランチャイズチェーン方式を採用して販売拠点を増やしてしまうのは悪手となります。消費者にとって、「特別な高級食パン」だったそれが、おいしさは維持されていたとしても、「どこでも買える高い食パン」という印象に変化し、コモディティ化を進めてしまいます。このような事態に陥ってしまうと、このビジネスモデルにとって全くもって身も蓋もなく矛盾するような価格競争が引き起こされたり、販売店舗を整理しなければならないなど、大きな痛手を負ってしまうリスクがあります。

3.　これからの経営戦略の考え方

　経営学では、「戦略（strategy）」の他に「ロジスティックス（logistics：兵站）」「ターゲット（target：標的）」などもともとが軍事用語を援用したものが多数みられます。うーん、なんだか物々しい雰囲気を感じてしまいますね。それだけ市場のなかで繰り広げられる競争は戦争のように熾烈なものであって、生き残るにもあの手この手と策略を練っていかねばならないということでしょう。でも、本当にそのような戦いは必要なのでしょうか。誰となんのために企業は戦っているのでしょうか。企業はいま一度、冷静になってその戦いの意義を考え直してみていただきたいと思います。きっと、その分の労力を他の平和で豊かな社会づくりに向けていけるはずです。

3-1.　戦わない戦略 ～ブルー・オーシャン戦略～

　競争戦略の極意は、戦わないことです。なにごとも平和が一番です。戦争なんてもってのほかです。ということで、ここでは企業が市場のなかで競合他社と戦わなくて済む戦略について述べていきます。戦わない戦略なんて矛盾するようですが…。

　本章の冒頭で、組織運営の例として"航海"をとりあげて少しだけお話しましたが、"海"と聞いて皆さんはどのような海の風景をイメージするでしょうか？　入道雲がもくもくと立ち上る晴れ渡った日の青く澄み渡った海でしょうか。どんよりと曇った日の薄暗く灰色の海でしょうか。台風が近づいているかのように大波が立って荒々しい海でしょうか。まさかの血で染められたかのような真っ赤な海…。

　最後のイメージは少し非現実的で怖いですが、実はW.C.Kim（W.C.キム）らは、その「赤い海（レッド・オーシャン）」を、既存の競争市場に例えて表現しました。それは、燃え盛る戦火のなかで各社が血を血で洗うかのような過当競争のイメージなのでしょうか。逆に、最初の「青く澄み渡った海（ブルー・オーシャン）」は競争相手のいない新規市場を表現しており、キムらは

まだ存在しない新たな市場を創り上げる戦略を「ブルー・オーシャン戦略」と名付けました。

　そもそも企業は活動する産業や市場のなかでそれぞれがガチンコで殴り合いのケンカ（競争）をしなければいけないのでしょうか。つまり、何が言いたいかといいますと、各企業はなんのために・誰のために競争しているのか、時折わからないことがあります。皆さんは、ご自宅にある電化製品に意味不明な機能があると感じられたことはありませんか？　筆者はあります。自宅の炊飯器のパネルに、なんと「早炊き」と「極うま」とあるじゃありませんか！普通に炊飯するよりも早くご飯が炊けて、普通に炊飯するよりも極めて美味しく炊ける。「極うま」は時間が普通炊きよりかかりますが、おそらく美味しく炊けているのだと思います（味覚音痴な筆者には味の違いはあまりわかりません）。なので、「極うま」機能の存在は理解できますが、問題は「早炊き」です。「極うま」があるのだから、もういっそのこと、「早炊き」機能を標準にしたらいいのにと思うのです。そのほうが操作性もシンプルになって消費者にとってはありがたいはずです。

　日本の家電製品は、多機能で便利かもしれませんが、そのぶんボタンやらスイッチが多くなりデザイン性が損なわれ、複雑で使いにくい印象があります。これは、技術開発競争に陥った家電メーカー各社がもつ「多機能こそ正義」といった風潮によるものだと考えられます。つまり、それは技術や価格などの面で他社を打ち負かすことを目指しており、買い手（消費者やユーザー）のことを置き去りにしてはいないでしょうか。ブルー・オーシャンはそのようなレッド・オーシャンの先に広がっているのではありません。すなわち、ブルー・オーシャン戦略は既存市場での他社との競合から距離を置き、買い手（顧客）との価値共創を目指す、競争とは無縁の戦略となります。

　従来の競争戦略は、例えば技術や製品の研究開発に対して巨額の資金を投入し、開発した高機能の商品をもって、買い手に選ばれることを目指すため、コストがかかり商品価格も高騰してしまいます。つまり、買い手が求める価値は高機能性とは限らないのです。高額すぎて買えないのでは意味がありませんので、買い手にとって価値とコストは相反する関係となってしまいます。

図表 3-8　レッド・オーシャン戦略 vs. ブルー・オーシャン戦略

レッド・オーシャン戦略	ブルー・オーシャン戦略
既存市場内で競争する	競争相手のいない市場空間を創る
競争相手に打ち勝つ	競争とは無縁
既存需要を取り込む	新規需要を創出し収益につなげる
買い手にとっての価値とコストは相反する関係であって、企業は差別化と低コスト化のどちらかを目指した事業活動をおこなう	買い手にとっての価値とコスト削減は両立できるため、企業は差別化と低コスト化を両立した事業活動をおこなえる

出所：Kim, W.C. & Mauborgne, R.（2004）より筆者作成

　ブルー・オーシャン戦略では、本来顧客が求めるもの（価値）の開発や提供に集中することで、無駄を排除でき、コスト削減を両立することができます。つまり、コスパの優れた商品展開を実現できるのです。そのためには、従来の市場競争の概念は捨て、買い手が求める本当の価値とはなにかを探究する市場調査が欠かせません。

　また、ブルー・オーシャン戦略によってつくられた新しい市場は、新たな産業を形成します。そして、その市場と産業のなかで当該企業はリーダーとして確固たる地位を築くことができるのです。かつて、まだベンチャー企業であったMicrosoft社がIT業界における最大手の1つであったIBM社に対してOSを開発し提供することで、デファクト・スタンダード（事実上の標準規格）を確立することに成功し、一気にソフトウェア産業のトップ企業に登りつめたように。

　このように、自社独自のビジネス・モデルで切り拓いたブルー・オーシャンは、他社が参入しその座を奪うことが難しいため、安定した収益を得ることが期待できます。

3-2.　CSRからCSVへ

　近年、「SDGs（Sustainable Development Goals：持続可能な開発目標）」になにかしらのかたちで取り組む企業が増えてきました。SDGsは2015年に国

連サミットにて採択され2030年までに達成を目指す世界に提示された17の目標です。これまでも、生活社会の改善や自然環境の保全といった課題に対して、多くの企業が「CSR（Corporate Social Responsibility：企業の社会的責任）」活動をつうじて、その貢献に努めてきました。

　企業はそもそも「ゴーイング・コンサーン（継続企業の前提）」に則り、組織の周辺環境に適応しながら存続していくことを目指していくものとされます。そのためにCSRを組織活動に取り込んで果たしていくことはごく自然のことといえます。しかしながら、CSRはSDGsのように具体的な目標が設定されているわけでありません。ひょっとすると会社によっては、「なにをやったらいいかわからない」とか「他社さんと同じことをやっておけばいいだろう」とか、悩みとまどうこともあったでしょう。そのような状況に対して、SDGsは明確なヒントを与えてくれました。

　さらには、CSRは企業が社会のなかで活動していくために果たすべき任意の"責任"にすぎません。つまり、必ずしも全ての企業がCSR活動に取り組んでいるわけではないし、少なくとも企業ごとに温度差がみられるのも事実です。本来、企業は利益追求を目的とする事業組織体です。その性質が顕著な株式会社は、直接的に経済価値を生み出さないCSRに対して、はたして積極的に取り組んだり投資していきたいと本当に考えるでしょうか。

　世界経済に大打撃を与えたリーマンショック以降、資本主義とその追求によって至る利益至上主義は、その有効性と正当性を示すことが極めて困難になってきました。企業を取り巻く社会環境では、CSRの国際標準が定められたり、SDGsが示されたりと、目に見えるかたちで社会課題への関心が高まっています。アメリカでは近年、「クールな若者ほど、NPOやNGOをつうじた社会貢献を志す（名和高司（2015）p.ⅲ）」傾向にあるようですが、筆者の担当ゼミ生も社会課題をテーマにしたビジネスプラン策定に意欲的です。

　社会課題への対応、すなわち社会価値の創造と、企業が事業活動を継続するために必要な経済価値の創造を、はたして両立することは可能なのでしょうか。ポーターらは、ビジネスにおけるCSRの限界を指摘し、「CSV（Creating Shared Value：共通価値の創造）」という概念を新たに開発しました。彼らは、

図表 3-9　CSR と CSV の違い

【CSR】 ➡	【CSV】
➤価値は「善行」	➤価値はコストと比較した経済的便益と社会的便益
➤シチズンシップ、フィランソロピー、持続可能性	➤企業と地域社会が共同で価値を創出
➤任意、あるいは外圧によって	➤競争に不可欠
➤利益の最大化とは別物	➤利益の最大化に不可欠
➤テーマは外部の報告書や個人の嗜好によって決まる	➤テーマは企業ごとに異なり、内発的である
➤企業の業績や CSR 予算の制限を受ける	➤企業の予算全体を再編成する
➤例えば、フェア・トレードで購入する	➤例えば、調達方法を変えることで品質と収穫量を向上させる

出所：Porter, M.E. & Kramer, M.R.（2011）p.29 より筆者作成

　その新概念を用いて社会価値と経済価値の双方を追求する次世代の資本主義の考え方を示しています。下表はCSRとCSVの違いをそれぞれの項目ごとに比較したものです。

　彼らは、企業が社会に対して貢献活動をおこなう際のガイドラインをCSRからCSVへと変更すべきだと指摘しています。CSR活動は自社の事業内容と直接関係しているとは限らないので、長期的に継続することは難しくなります。一方、CSV活動は自社の資源と専門性を活かして社会価値を創出することで経済価値を生み出すことができます。

　「共通価値（shared value）」とは、「企業が事業を営む地域社会の経済条件や社会状況を改善しながら、みずからの競争力を高める方針とその実行（Porter, M.E. & Kramer, M.R.（2011）p.11）」と定義されます。企業が取り組んでいるCSRをCSVへと変革するには、以下の 3 点について検討し直す必要があります。

①製品と市場を見直す

　まず、急拡大している社会的ニーズに対応する製品やサービスを開発し提供することが求められます。例えば、食品メーカーは従来、消費を刺激するために味や量を重視してコスパの優れた方法で提供していましたが、近年の健康志向に対応して「身体に良い栄養」という食の基本ニーズに立ち戻っています。他にも、Intel社とIBM社は公益法人に対して、デジタル技術を活用した節電方法を提案しています。自動車業界では、ガソリン車からEV車へのシフトがあげられますね。EV車普及のために自動車企業各社のみならず、エネルギー企業などが協働して充電拠点などのインフラを整備しています。

②バリュー・チェーンの生産性を再定義する

　企業各社がそれぞれの事業をつうじて川上から川下まで連関し機能するバリュー・チェーンは、天然資源やエネルギー、労働者の安全衛生や労働条件などの社会問題に影響を与えたり、逆に被ったりします。しかし、実はこのような社会問題の発生源は、共通価値を生み出す源泉となりえるのです。なぜなら、社会問題は企業にかかる経済的コストを発生させている可能性があるからです。例えば、製品の過剰包装と温室効果ガスは余分な環境負荷を生み出すだけではなく、企業にとっても無駄なコストとして重くのしかかります。ウォルマート社は、梱包材を削減し、さらに約1億マイルもの配送ルートを短縮しました。その結果、納入量は増加したにもかかわらず、2億ドルのコスト削減に成功したのです。くわえて、店舗の使用済みプラスチックの処分方法を変更し、その処理コストを数百万ドル削減することができました。

③地域社会にクラスターを形成する

　クラスターとは、特定分野の企業やサプライヤーやロジスティックスなどが地理的に集積した地域のことです。アメリカのシリコンバレーが有名ですね。本章の前半で述べたように、現代社会は技術の革新的な進化や複雑化によって、一企業ですべてをまかなうことは大変困難です。経営の効率化を考慮して分業するほうが賢明ともいえるでしょう。そのため、関連・支援企業が

近隣で活動していて、インフラが整備されているクラスターは、企業にとって経済価値を生み出す絶好の環境となります。そして、クラスターは社会価値も創出します。支援企業やサプライヤー企業の誘致、それによる人材の雇用や育成、教育機関や病院などの公的資産の利用促進、地域経済を活性化し住みやすい街づくりに寄与するのです。

従来の資本主義の立場から考えると、社会課題の解決と利益の追求はトレードオフの関係にありました。しか

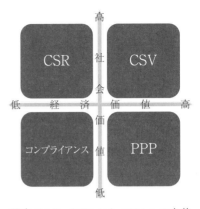

図表 3-10　CSR から CSV への変革
※ PPP = Pure Pursuit of Profit：純粋に利益を追求する従来型の資本主義
出所：名和（2015）p.13 より筆者作成

し、CSR を CSV に変換することで、社会価値と経済価値の両立が実現できる、あるいは少なくともその可能性は高まるということは断言できるかと思います。社会のために果たす「責任」が、企業の「戦略」に取り込まれ、社会と会社がともに繁栄できる新しい企業経営の幕開けなのです。

おわりに

本章では、経営組織論と経営戦略論の基本的な重要テーマについて説明をしました。従来、経営学のテキストでは、それらは別の章立てで説明するのが定石です。しかし、本章を読み終えた読者の皆さんはきっとご理解いただけたかと思いますが、企業経営の観点からみると、組織と戦略は相互に連関して作用し合うものであって、経営者は両者の整合性をもってマネジメントしていかなければなりません。

また、企業を取り巻く現代の社会環境は、前世紀とはまったく異なりはじめました。成熟した資本主義社会がもたらした利益至上主義から脱却して、企業は社会を構成する一員として社会課題に取り組む責任を負います。しかしな

がら、ポーターが主張するように、それを単なる責任として有志企業のみが執り行うのではなく、あらゆる企業がCSVを企業戦略に取り入れて社会課題の解決に取り組むほうが、社会の持続可能性を高めるより強い推進力となると考えられます。そして、これからさらに「社会起業家（social entrepreneur）」を目指す若者が増えて、ビジネスの新しい可能性の扉を開いてくれることを期待しています。

（執筆者：蒲生）

（補足資料）「CSR」と「SDGs」の内容

【CSR】7つの原則	【SDGs】17の目標
1. 説明責任	1. 貧困をなくそう
2. 透明性	2. 飢餓をゼロに
3. 倫理的な行動	3. すべての人に健康と福祉を
4. ステークホルダーの利	4. 質の高い教育をみんなに
害の尊重	5. ジェンダー平等を実現しよう
5. 法の支配の尊重	6. 安全な水とトイレを世界中に
6. 国際行動規範の尊重	7. エネルギーをみんなに そしてクリーンに
7. 人権の尊重	8. 働きがいも 経済成長も
	9. 産業と技術革新の基盤をつくろう
	10. 人や国の不平等をなくそう
	11. 住み続けられるまちづくりを
	12. つくる責任 つかう責任
	13. 気候変動に具体的な対策を
	14. 海の豊かさを守ろう
（※この7つの原則は2010年	15. 陸の豊かさも守ろう
に「国際規格ISO26000」に	16. 平和と公正をすべての人に
よって定められたものです）	17. パートナーシップで目標を達成しよう

出所：CSRは『日本経団連タイムス No.3012』、SDGsは外務省HPより筆者作成

《 推薦図書 》

➤ P.F.ドラッカー［著］，上田惇生［訳］（2005）『企業とは何か その社会的な使命』ダイヤモンド社

➤ H.ミンツバーグ［著］，DIAMONDハーバード・ビジネス・レビュー編集部［編訳］（2007）『H.ミンツバーグ経営論』ダイヤモンド社

➤ H.セイフター & P.エコノミー［著］，鈴木主税［訳］（2002）『オルフェウス・プ

ロセス 指揮者のいないオーケストラに学ぶマルチ・リーダーシップ・マネジメント』角川書店

第4章

人的資源管理

はじめに

　皆さんは自分の職場を選択する際にどんなことを重要視しますか？

　「自分のやりたい仕事ができる」「安定して長く働くことができる」「収入が多い」「子育て支援が充実している」「能力を高める機会がある」「残業が少ない」…。重要視する観点やその重要度は人それぞれ異なる部分があると思いますが、いずれにせよ、“働きやすい環境”や“働きがいのある職場”を誰もが期待していることと思います。

　企業がその目的を達成するためには、経営資源（ヒト・モノ・カネ・情報）を効率的に運用することが求められますが、なかでも組織のメンバー1人ひとりの能力を引き出し、「ヒト」をいかに活用するかが重要な課題となります。では、組織のメンバーの能力を最大限引き出すためにはどのようなマネジメントが必要でしょうか。誰もが望む“働きやすい環境”や“働きがいのある職場”はどのようにしてつくられるのでしょうか。労働者がそれぞれの事情に応じた多様な働き方を選択できる社会を実現する、いわゆる“働き方改革”が求められているなかで、「ヒト」のマネジメントに関わる分野を担うのが人的資源管理です。

　本章では、まず、どのように「ヒト」を集め、どう活かすのか、また、どのように評価し、育てるのかといった、基本的な人材マネジメントの手法を説明します。次に、リモートワークやオンライン会議など、昨今の新型コロナウイルス感染症対策による働き方の変化についても触れます。さらに、多様な働き方が求められるなかで、「女性の活躍促進」や「障害者雇用」といった現代の

労働市場における課題についても考えていきます。

　「組織」は「ヒト」でつくられます。「ヒト」はその他の経営資源である「モノ」や「カネ」や「情報」と違って、感情をもっていますし個性があります。本章では企業経営における人的資源管理の意味やその重要性を解説していきます。

1.「ヒト」の基本的管理領域

1-1. 人的資源管理とは

　企業組織を経営していくうえで、必要な要素や能力を経営資源といいます。例えば、会社で働く労働者（ヒト）、製造する機械や原材料（モノ）、経営資金（カネ）、顧客データやノウハウ（情報）といったものがこれにあたります。人的資源管理はこれらのうちの「ヒト」、すなわち人的資源に関わる管理機能を担っています。他の経営資源である機械・資金・顧客情報やノウハウをどのように活用するかを決めるのは組織を構成する「ヒト」です。したがって、人的資源は経営資源のなかでも重要度が高い要素であり、人材を確保していないと事業を遂行することはできないといってよいでしょう。さらに、人的資源の特徴として1つ留意しておかなくてはなりません。つまり、人的資源の担い手である労働者は、機械や資金とは異なり、意思をもった主体的な存在であるということです。したがって、1人ひとりの主体性を尊重したうえで、貢献意欲や能力発揮意欲の維持・向上が図れるようなシステム作りが求められるのです。

1-2. 雇用管理

　ここでは、企業活動をおこなうために必要な人材を確保し、分業システムに則って適切な部署に配置する雇用管理についてお話します。

(1) 採用管理

　採用とは、簡単に説明すると「人を雇う」ことです。企業が必要とする人的資源を充足するために、企業の外部から人的資源を保有する労働者を調達する

ことを意味します。

　採用の前にはあらかじめ必要な人材像とその量を検討しておかなければなりません。必要とされる労働サービスの質や量に対して、いまいる従業員でどれだけまかなえているのかを比較検討する作業が必要となります。そのうえで、不足する人材像や量を測定し、その不足分を企業の外部から採用することになります。それら不足分を確保するための計画を採用計画といいます。

　したがって、採用時の選考においては、採用計画にしたがって、必要な能力や態度（人材像）を基準にした選考がおこなわれます。企業に貢献する能力や態度を見極めることができるような選考基準を設定することが重要となるでしょう。

　その1つの制度としてインターンシップ制を取り入れている企業が近年増加しています。インターンシップ制とは、在学中の学生に対して、専攻分野や将来のキャリアに関係した職業体験をおこなう機会を提供するしくみです。在学中に一定の職業体験を得ることで、仕事やキャリアに関して考える機会を学生に提供し、学校から職場への円滑な移行を図るために考案されたもので、不適切な職業選択による離職を減らすことや、明確な職業意識をもった学生を採用したいという企業の意向があります。

　では、どのくらいの学生がこのインターンシップに参加しているのでしょうか。株式会社マイナビが実施した「マイナビ2023年卒大学生インターンシップ調査－中間総括－」によると、2021年10月時点で、インターンシップに参加した学生は83.6％となっており、これは前年と比べて3.8ポイントの増加となっています。また、インターンシップに参加して自身に変化があったと感じる点としては、「自分に合う仕事・合わない仕事など、職業適正がわかった」（53.7％）が最多で、次に「仕事・働くことに対する意欲が高まった」（41.8％）との回答が見られました。インターンシップに参加する学生は近年増加傾向にあり、就職活動の一環として積極的に活用しているようすがうかがえます。

(2) 配置・異動

　企業に採用されると、企業内のいずれかの部署に配置されます。どのような配置をおこなうのかは企業によってさまざまですが、1人ひとりの主体性を尊重した貢献意欲や能力発揮意欲の維持・向上を図るためには、従業員の希望や適正、その後のキャリアプランやライフプランなどを考慮したうえで決定することが望ましいでしょう。例えば、サッカーのスポーツチームで例えると、誰がどのポジションを守るのか、あるいは選手は誰で、マネージャーは誰で、コーチは誰が担当するのかを規定することは非常に重要です。

　さらに、多くの企業では、人材育成の観点や適性を見極める目的で一定期間を得た後に他の部署に異動することが多くあります。この場合も、やはり従業員の希望や意向を聞いたうえで、異動させることが求められます。

　そのような状況のなか、従業員自身の希望を異動決定の情報として重視したり、本人の希望に基づいて異動をおこなったりする企業が少しずつ増えてきています。例えば、異動などキャリアに関する希望を従業員が企業に提出できるしくみとして自己申告制度を設けている企業があります。このような制度を設けることにより、従業員自身が自分のキャリアプランについて考える機会を持つことができます。また、企業が提示した仕事に従業員が応募し、従業員の希望に基づいて異動をおこなうしくみとして社内人材公募制を設けている企業もあります。これは企業側が従事する仕事内容を明示してその仕事に従事したい人材を社内から広く募集する制度です。社内の隠れた人的資源を掘り出すことや、従業員の仕事への意欲を高めることなどを目的として導入されています。

1-3.　人事評価

　労働者の意欲を高め、組織のなかで成長してもらうためには、現時点での保有能力や態度、業績を評価することが必要です。このように、能力・適正・業績などの個人差を測定することを人事評価といいます。採用選考の際におこなわれる職業適性検査や面接なども人事評価の一例です。また、上司が部下を定期的に評価する人事考課も人事評価にあたります。人事考課とは、従業員の

日常の勤務や実績をつうじて、その能力や仕事ぶりを評価し、例えば、賃金、昇進、能力開発等の諸決定に役立てる手続きのことをいいます。人事考課の結果を昇給・昇格の判断材料とする場合もありますが、能力や仕事ぶりを評価して本人にフィードバックすることで従業員の能力開発を促進するねらいがあります。

　人事考課をおこなう際にはどのような視点で評価するのでしょうか。それぞれ企業の人事戦略によって評価の視点が決定されることになるのですが、ここでは一般的な評価要素を取り上げます。すなわち、

- 能力評価：業務や訓練を通して養われた職務遂行能力を評価
- 情意評価：仕事に対する姿勢（勤務態度）を評価
- 業績評価：仕事の成果（一定期間の貢献度）を評価

の3つです。一般的にはこれらの評価要素を組み合わせて人事考課がおこなわれています。これらをバランスよく評価することが課題となっています。

　ここで、病院での人事考課の実例を1つ紹介します。済生会福岡総合病院では現場でリーダーとして職員を引っ張る役割を担う「中間管理職」の医師を対象とした「パフォーマンスレビュー」を実施しています。ここでは、評価の視点として①行動力評価、②実績評価、③目標達成度評価を設けており、このうち中間管理職としての「行動力評価」を最も重視していいます。この行動力評価は、上司や部下だけでなく、看護師や薬剤師など多職種のスタッフが医師1人につき、なんと60人から80人が評価をおこないます。評価の内容としては、部長としてのマネジメント実践（統率力や実行力、問題解決力など）、医師としての基本行動（医師間連携チーム医療の推進など）、組織人としての基本行動（貢献意識や基本行動など）があげられています。一般的には上司が部下を評価する人事考課制度を設けていることが多いなか、この事例では上司だけでなく、部下も含めた日ごろから一緒に働いているメンバーが複数人で評価することにより客観性が保持されやすいといった特徴があります。

　評価をおこなう際に重要なことは、「どのような人材を必要としているのか」

について組織のなかで十分に議論し、評価要素を決定することです。また、事実に基づいた公平な評価システムをいかにして構築するかも重要な課題になります。

1-4.　能力開発

　人事評価を用いて当該時点での個人差を測定できたら、次にその評価結果を人材育成につなげていくことが重要となります。"評価しておしまい"ではなく、評価結果を人材育成のスタート地点とすることで、さらなる人的資源の質向上につなげることができます。スポーツに例えていうと、現時点でのスキルやフィジカルの状態を測定して、その結果を踏まえてどんな練習メニューを組んでトレーニングさせるかを考えていくことです。

　日本での能力開発の方法には、以下の 3 つが基本的なものとしてみられます。

（1）OJT（On the Job Training）

　OJT は、「実地訓練」ともいわれ、職場で実際に働きながら、上司や先輩が必要な知識・技術、態度や価値観を体系的に身につけさせる方法です。つまり、労働の内容と時間がそのまま訓練となります。日本の企業の多くはこのOJT を能力開発の基軸としています。「労働政策研究・研修機構（2021）」によると、82.1％の企業が OJT を重要な教育訓練として捉えています。

　OJT は特別なコストや時間を必要とせず、内容が実践的で具体的である点で比較的取り入れやすい能力開発方法ですが、以下の点で注意が必要です。すなわち、「現状把握（なにができてなにができないのかの評価）」「目標設定（習得すべき技能や知識を決める）」「期間指定（なんか月で習得させるのか）」「指導者（誰が主として教えるのか）」「事後評価（習得の程度の判定）」等です。これらについて、あらかじめ対策や計画を備えておくことで、効果的かつ効率的な人材育成を実現しやすくなります。

(2) Off-JT（Off the Job Training）

　Off-JTは、職場や日常業務を離れておこなう能力開発の方法をいいます。OJTで得た知識や経験を概念化することによって、自分のなかでより確固たる能力として昇華する機会となります。

　職場との距離をおいて経験を整理し、いつでも引き出せるように体系づける作業がOff-JTでおこなわれます。例えば、ビジネスマナー研修、新人研修、管理職研修、業務に関連する資格の取得セミナーなどです。

　Off-JTでは、集合研修や講習会といった形式でおこなう場合、一度で多くの従業員を対象に実施することができます。この点はOff-JTのメリットといえますが、逆にデメリットとしては、業務から対象従業員が一定期間抜けてしまうため、その穴埋めが必要となります。

(3) 自己啓発

　自己啓発とは、労働者が自らの意思で能力の向上を目指す自己成長のための1つの方法です。これまでにあげたOJTやOff-JTが組織的に実施されるのに対して、自己啓発は個人で計画して実行することになります。例として、社外セミナーや通信教育の受講、専門学校や大学院の進学があげられます。つまり、自発的な学修がこれにあたりますが、企業によっては、受講料などの金銭的援助であったり、教育訓練機関や通信教育等に関する情報提供をしてくれたりします。

1-5. 働く時間と生活の時間

(1) 労働時間の実態

　労働者個々人がその能力を十分に発揮できる環境をつくるためには、効率の良い時間の使い方、つまり、労働時間の管理を適切におこなうことが重要です。日本の就業者における「平均年間総実労働時間」をみてみると、「改正労働基準法」が施行された1988年を契機に、労働時間（1988年＝2092時間）は減少していき、2020年には1598時間となっています。主要諸外国でも概ね同様の傾向がみられており、2020年においては、アメリカ＝1767時間、

イタリア＝ 1559 時間、スウェーデン＝ 1424 時間、フランス＝ 1402 時間、イギリス＝ 1367 時間、ドイツ＝ 1332 時間となっています。特に、イタリア、フランス、イギリスは、前年から 100 〜 170 時間と大幅に減少しており、コロナ禍に伴うロックダウンの影響の大きさがうかがえます。

(2) 労働時間に関する制度

　労働時間制度は、「労働者が企業に提供する労働サービスの量（労働時間の長さ）に関わるもの」と「労働サービスを提供するタイミング（労働時間の配置）に関わるもの」の 2 つがあります。時間については労働基準法で規定されています。具体的には、1 週の法定労働時間は 40 時間、1 日の法定労働時間の上限は 8 時間であり、労働契約上、労働者が労働すべき時間となります。所定労働時間は、この原則法定労働時間の範囲内で定めなければなりません。

　労働基準法では、この他にも休憩時間や休日・休暇についても定められています。具体的には、労働時間が 6 時間を超える場合は少なくとも 45 分、8 時間を超える場合は少なくとも 1 時間の休憩を与えることとされています。また、1 週間に少なくとも 1 回の休日を与えなければならないとされています。さらに、休暇については、雇い入れの日から 6 か月間継続勤務し、全労働日の 8 割以上出勤した労働者については 10 日から最大 20 日の年次有給休暇を付与することとされています。

　時間外労働や休日労働について、法定労働時間の上限を超える時間外労働や休日労働を労働者におこなわせることは、労働基準法違反となります。時間外労働や休日労働をおこなわせる場合には、経営者が労働者の代表と時間外労働協定あるいは休日労働協定を結び、それを労働基準監督署に届け出ることになっています。この協定は一般に「36（さぶろく）協定」と呼ばれています。

(3) ワーク・ライフ・バランス

　長時間労働は、労働者の不満や生産性の低下、心身の健康やワーク・ライフ・バランスに影響を及ぼします。1 日 24 時間のうち、何時間を労働に費やすのかを規定することは、残りの時間、すなわち、労働者が自分の労働以外の

生活のために使える時間や、仕事と生活の関係を規定することにつながるからです。したがって、労働時間制度は労働者の生活時間の配分、生活と仕事の両立のしやすさ、つまり「ワーク・ライフ・バランス」のあり方を決めるといってもよいでしょう。

これまで大企業の人的資源管理システムは、従来、会社や仕事を中心としたライフスタイルをもった労働者像を想定して設計されてきました。例えば、残業を前提とした働き方による長時間労働や仕事中心の生活を背景とした低い有給休暇取得率などがこれにあたります。

ところが、働く人たちの価値観も変化しています。生活を仕事に合わせるのではなく、生活と仕事の調和を可能とする働き方を構築することが課題となっています。その課題に対して活用されている労働時間制度を紹介します。

①変形労働時間制度

仕事の繁閑に合わせ、忙しいときには法定労働時間を超えて働き、暇なときは法定労働時間よりも短く働いて、全体平均でみると法定労働時間の枠におさまっているとするものです。

また、フレックスタイム制も柔軟な労働時間の1つの形態です。1日の就業時間の開始と終了を労働者の自己判断に基づいて自由に決定させる制度のことをいいます。この制度を取り入れている企業は、必ず勤務していなければならない時間帯（コア・タイム）と自由裁量で勤務する時間帯（フレキシブル・タイム）を設けていることが多いです。

②裁量労働制度

業務の遂行方法や時間の使い方を労働者個人の裁量に任せたほうがよいとする職種に対して「一定の時間を労働した」とみなす労働時間算定をおこなう制度です。しかしながら、この制度が対象とする業務は限られています。例をあげると、新商品・新技術の研究開発、取材・編集などの業務、弁護士や建築士です。

(4) 働き方改革

　昨今、働く人びとが個々の事情に応じた多様で柔軟な働き方を、自分で選択できるようにするための改革として、「働き方改革関連法」が 2019 年（平成 31 年）4 月 1 日より順次施行、推進されてきました。その改革の 1 つの柱として労働時間法制の見直しがあります。例えば、時間外労働の上限規制や勤務間インターバル制度の導入[i]、あるいは、事業主に対する年次有給休暇の取得の義務付けや割増賃金率の引き上げ、さらには、前述のフレックスタイム制の拡充や高度プロフェッショナル制度[ii]の導入などが進められています。

2. 雇用問題

　少子化による若年人口の減少によって、今後、労働力人口全体の減少が見込まれています。当然ながら、人材を確保できないと事業を遂行することはできません。企業は、より魅力ある職場環境を整備し、労働に見合った報酬を提示しなければ、質の高い人材を確保することが難しくなってきます。

2-1. 女性の積極的活用

　女性は今日、企業において重要な働き手となってきていますが、図表4-1 に示すように、いまだに女性の 25 歳から 39 歳で労働力率が低くなっているのが現実です。この背景には女性の結婚、出産・育児というライフイベントがあることは周知のとおりです。

　2016 年、女性が活躍できる働き方を実現するために「女性活躍推進法」が施行されました。女性活躍推進法は、①女性に対する採用や昇進の機会を積極的に提供すること、②職業生活と家庭生活を両立させるために必要な環境を整備すること、③職業生活と家庭生活の両立は本人の意思が尊重されること、を基本原則として、残業・労働時間など従来の働き方の見直しをしたり、女性を積極的に管理職へ登用したりするなどの取り組みを企業に求めています。

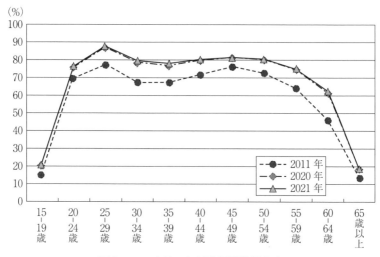

図表 4-1　女性の年齢階級別労働力率
出所：厚生労働省（2021）より筆者作成

（1）出産と育児に対する支援

「育児・介護休業法」では、育児休業期間を、原則、子どもが 1 歳に達する
までの間としていますが、企業によっては、独自の子育て支援制度を設けて
その期間を延長しています。また、「育児短時間勤務制度」は育児・介護休業
法により、対象の子どもが 3 歳の年齢に達するまでを適用範囲としています
が、これについても企業独自の制度を設けてその範囲を拡大して支援していま
す（例えば、子どもが小学校 3 年生まで適用可能とするなど）。このような子
育て支援制度を充実させることが、女性の出産・育児といったライフイベント
によるキャリアの断絶を防ぐことにつながると考えられます。

（2）男性の意識改革

　働き方改革により、男性の育児休業取得に向けた制度の整備や、政府の働き
きかけによって、改善の兆しがみられはじめました。2022 年 4 月から育児・
介護休業法が順次改正され、男性が育児休業を取得しやすくなってきました。
　企業には、従業員本人または配偶者の妊娠・出産の申し出に対して、①育

児休業・産後パパ育休[iii]に関する制度、②育児休業・産後パパ育休の申し出先、③育児休業給付に関すること、④労働者が育児休業・産後パパ育休期間について負担すべき社会保険料の取り扱い、といった育児休業制度に関する事項の周知が義務化されました。

　さらに、企業側は、男性が育児休業を取得しやすくなるための環境の整備として、「育児休業・産後パパ育休に関する研修の実施」や「相談体制の整備」、あるいは「取得事例の収集および提供」や「労働者への方針の周知」といったいずれかの措置を講じる必要があります。

2-2.　障害者雇用

　「障害者雇用促進法」により、事業主に対して法定雇用率[iv]以上の障害者数を雇うことが義務付けられています。また、企業が障害者に対して差別的扱いをすることや、障害を理由に雇用形態や福利厚生、教育訓練などにおいて不当な扱いをすることを禁止しています。

　では、実際にはどれほどの障害者が雇用されているのでしょうか。図表4-2には、障害者の被雇用者数の時系列推移が示されています。これをみると、障害者の雇用数は毎年増加しており、企業の障害者雇用が進められていることがわかります。

　一方で、法定雇用率を達成している企業の割合は48.3％と決して高くありません。その背景には中小企業の障害者雇用が大規模企業に比べて進んでいない状況があげられます。企業規模別の障害者の実雇用率では、「43.5 ～ 100 人未満」＝ 1.84％、「100 ～ 300 人未満」＝ 2.08％、「300 ～ 500 人未満」＝ 2.11％、「500 ～ 1000 人未満」＝ 2.26％、「1000 人以上」＝ 2.48％となっており、法定雇用率（＝ 2.3％）を上回っているのは 1000 人以上の企業のみです。

　独立行政法人高齢・障害・求職者雇用支援機構の「障害者雇用があまり進んでいない業種における雇用事例」を参考にして、障害者雇用のための要点を指摘します。障害者雇用に取り組むためには、最初に障害者雇用の理解を深めることが重要です。企業の取り組み事例では、社員研修の実施や社内会議などでの周知・検討などがおこなわれています。また、障害者が担当する職務を選定

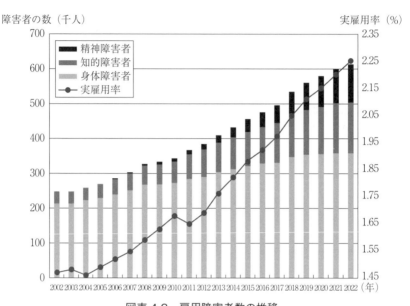

障害者の数（千人）　　　　　　　　　　　　　　　　　実雇用率（%）

図表 4-2　雇用障害者数の推移
出所：厚生労働省「令和 4 年障害者雇用状況の集計結果」

する作業も必要です。職務を細分化・単純化して障害者の適正に合った職務を設定する配慮が求められます。さらに、障害者でも使いやすいオフィスの環境整備や通勤、就業時間に配慮したり、障害特性に応じた職場環境を整えたり、キャリアアップや能力開発といった育成にも積極的に取り組みます。

　障害の有無に関係なく、そういうものですが、あらゆる状況にいる従業員のポテンシャルを最大限に引き出し、活かす職場環境をつくっていくためには、これまでの組織文化や人事制度を見直し、ときには大きな変革を必要とします。

3.　コロナ禍による労働環境の変化

　新型コロナウイルス感染症は世界規模で人びとの生活に大きな影響を与えました。感染拡大防止のための緊急事態宣言やそれに伴う休業要請、さらには外出自粛など新しい経済活動のあり方が模索されるなか、それに伴って企業における人の働き方にも変化が起こりました。本節では、コロナ禍における働き方の変化をみていきたいと思います。

3-1.　テレワークの増加

　テレワークとは、ICT（情報通信技術）を活用し、場所や時間を有効に活用できる柔軟な働き方のことです。テレワークの形態は、業務をおこなう場所に応じて、在宅勤務[v]、サテライトオフィス勤務[vi]、モバイル勤務[vii]等に分類され、いずれの形態もテレワークの対象とされています。

　2020 年 4 月、政府によって緊急事態宣言が発令され、職場への出勤者 7 割削減の目標が掲げられ、テレワークの推進が要請されました。当時、日本経済団体連合会がおこなった「緊急事態宣言の発令に伴う新型コロナウイルス感染症拡大防止策 各社の対応に関するフォローアップ調査（2020 年 4 月 14 日〜 4 月 17 日実施、406 社回答）」では、回答企業の 97.8％がテレワークを自社の制度として導入しているとの結果が報告されました。一方、テレワークを実施している労働者の割合をたずねる設問では、金融、電力、医薬や生活必需サービスなどの事業を除き、「労働者の 8 割以上がテレワークを実施している」とした回答は 36.1％、7 割以上 8 割未満が 16.3％で、7 割以上とした企業は 52.4％となっており、対象となる労働者は限定的であったようすがうかがえます。

　次に、テレワーク普及の状況を時系列を追ってみてみます。経済社会システムを担当する内閣府政策統括官がおこなった調査（図表4-3）によると、2019 年 12 月のテレワーク実施率[viii]が全国平均で 10.3％であったのに対して、緊急事態発令後の 2020 年 5 月には 27.7％、その後、2021 年 4 月〜 5 月には

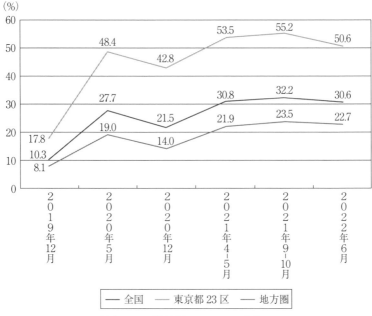

図表 4-3　地域別テレワーク実施率
出所：内閣府政府統括官「新型コロナウイルス感染症の影響下における生活意識・
　　　行動の変化に関する調査」

30.8％と上昇し、2022年6月では30.6％の実施率となっています。特に、東
京都23区での実施率が高く、2022年6月時点では5割以上がテレワークを
利用しています。それに比べて、地方圏（三大都市圏以外の北海道と35県）
での実施率は低く、2割程度にとどまっています。これらのことから、首都圏
では、新型コロナウイルスの感染拡大を契機にテレワークを導入し、緊急事態
宣言解除後も半数程度が引き続き利用しているのに対して、地方圏の実施率は
低く、地域差があることがわかります。

　一方、国土交通省がおこなった「テレワーク人口実態調査（図表4-4）」か
ら企業規模別に普及の状況をみてみると、企業規模が大きくなるほどテレワー
カーの割合が高い傾向にあります。2021年では、従業員数20人未満の企業は
13.9％、従業員数20人以上100人未満の企業は18.0％、従業員数100人以上

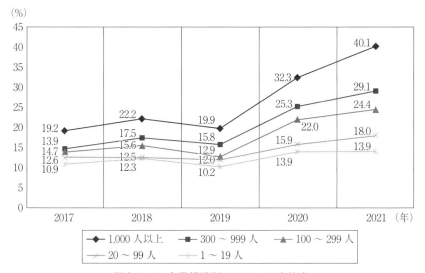

図表 4-4　企業規模別テレワーク実施率
出所：国土交通省「令和 3 年度テレワーク人口実態調査−調査結果−」

　300 人未満の企業は 24.4 ％、300 人以上 1000 人未満の企業は 29.1 ％、従業員数 1000 人以上の企業は 40.1 ％がテレワークを経験しています。コロナ禍以降も企業規模が大きくなるほど上昇幅が広がっていく傾向がみられます。

　また、同調査の「テレワーク実施後に感じた良い点」に関する設問について、「通勤の負担が軽減される」という回答に「よくあてはまる」とした者が 61.9 ％、「あてはまる」とした者が 29.2 ％みられ合計 91.1 ％が通勤の苦痛から解放されたことを喜んでいるようです。さらに、「通勤に費やしている時間を有効に使える」という回答に肯定的な意見を示したのは 87.2 ％でした。その他にも、「時間の融通」「有効活用が可能となる点」「災害や病気等で出勤しなくても業務がおこなえる点」をテレワークのメリットと感じている回答者が 8 割を超えています。以上の結果から、通勤に時間がとられなくなることによって、その分私たち労働者は仕事に集中することができたり、子育てや家事、あるいは介護などに回せる時間を確保しやすくなりました。すなわち、テレワークの導入によって、生活と仕事の調和を可能とする働き方の実現につながって

いるといえるでしょう。

　一方で、同調査において尋ねられた「テレワーク実施後に感じた悪い点」として、例えば「仕事をする部屋やインターネット環境及びセキュリティーやプリンター等の環境が十分でなく不便であり、ノートPC購入等自己負担が生じる」という項目について、「よくあてはまる」と答えた回答者は22.8％、「あてはまる」と回答したのが38.6％、合計61.4％の回答者がテレワークの環境整備に対して課題を感じているようです。さらに、「意思疎通がとりづらいこと等による業務効率低下等、仕事に支障が生じる、勤務時間が長くなる」という項目については、「よくあてはまる」と答えた回答者は20.2％、「あてはまる」と回答したのが41.0％、合計61.2％の回答者が意思疎通の難しさに課題を感じています。その他、「職場に出勤している人に気兼ねする（37.2％）」「疎外感・孤立感・俯瞰間を感じる（40.6％）」「評価がわからず不安を感じる（40.4％）」「自宅だと家族に気兼ねする（41.6％）」「テレワークをするための環境（社内LANへのアクセス、サーバー等）が十分備わっておらず不便（44.9％）」といったテレワークのデメリットに悩まされる人が少なくありません。テレワーク環境を整えるための費用負担や不便さ、あるいは意思疎通の取りづらさや疎外感・孤独感・不安感といった精神的ストレスが課題となっていることがわかります。

　さらに、「テレワーク普及のために勤務先で必要な取組」に関して回答率が最も高かったのが「幹部の意識改革（35.8％）」でした。具体的には、「会社の方針として積極的にテレワークを活用すること」や「役員や管理職等の上司が積極的にテレワークを実施すること」が該当します。次いで、「テレワーク環境の整備（24.1％）」があげられました。具体的には、「ペーパーレス化や電子決済の導入」「社会LANへのリモートアクセスサーバーやWeb会議用ソフトウェアの導入」が該当します。さらに「従業員の意識改革（23.6％）」が示され、「従業員のICT知識・スキルの向上等」がそのための必要な取り組みとしてあげられています。その他、「自宅等におけるテレワーク環境整備に対する支援」や「社内規定でテレワークを規定」などが求められており、テレワークを制度として導入することが今後働いていくうえで職場に必要なこととして考えられ

ているようです。

　以上のことから、従来どおりの「職場に出勤して仕事をする」ことを前提とした雇用システムから脱却し、テレワークを前提とした雇用システムの構築が喫緊の課題になると考えられます。すなわち、これまでの日本型の雇用システムでは、雇用契約の際に職務が規定されておらず、1 人ひとりの仕事の内容や範囲が明確に区切られていません。そのために、上司の指示を受けて、職場全体で協力しながら業務を進めていくことになります。いわゆる、人に仕事を振り分ける「メンバーシップ型」の雇用システムです。しかしながら、テレワーク環境では、職場全体で協力しながら業務を進めていくには限界があります。したがって、テレワークの普及に対応すべく、多様な働き方を前提とした雇用システムとして、仕事に人を振り分ける「ジョブ型」雇用制度の導入が大手企業を中心にして、いままさに進んでいるところです。

3-2.　オンライン会議の普及

　オンライン会議とは、「一定の場所にいない人々が、インターネット上で集まり、文書や画像、音声、映像などの情報をやりとりして会議をおこなうこと（木下（2006））」を意味します。『日本経済新聞（2020 年 5 月 23 日）』で、2020 年 3 月時点のオンライン会議の導入率は 9％程度であったのに対して、同年 5 月には 44.5％に増加し、急速に普及していることが報じられました。また、厚生労働省の「テレワーク実施状況調査」によると、2021 年 4 月時点で、日本の企業におけるオンライン会議の実施率は 69.7％でした。これは、新型コロナウイルス感染症拡大によるテレワーク導入の増加に伴い、労働者が自宅から参加できるオンライン会議が一般化したことが背景にあるといえます。

　オンライン会議のメリットには以下の 4 つがあげられます（Burke, C.S., et al.（2007））。

①時間とコストの節約

　　出張や移動の必要がなくなるため、会議参加者の時間とコストを節約できる。

②地理的な制約の克服

　地理的な制約によって会議に参加できない場合でもオンラインで参加できる。

③情報共有の効率化

　プレゼンテーションや文書の共有、チャットや音声動画などの活用によって情報共有を効率的におこなえる。

④スケジュールの柔軟性向上

　時間や場所にとらわれず、柔軟なスケジューリングが可能になる。

　一方、宮内ら（2020）によると、「気を遣ってしまい話しづらい」「流れを理解する集中力が必要」「遠慮して発信のタイミングを逃す」「相手が何を考えているかわかりづらい」などのネガティブな点も意見としてあげられています。

　これらのことから、オンライン会議を導入する場合は、オンライン会議に対応した新たなコミュニケーションスキルの習得が求められます。そのための訓練や教育を従業員に対して丁寧に施し、オンライン会議を便利なコミュニケーションツールとして活用することによって、多様な働き方を実現するための一助になるのではないでしょうか。

3-3. デジタル化の進展

　先述したように、新型コロナウイルス感染症防止策として、各企業はテレワークへの移行やオンライン会議の導入など、緊急的に対応を進めてきました。これらの新技術の導入に伴って、デジタル技術の活用がさらに拡大していきました。

　国土交通省がおこなった「テレワーク人口実態調査」によると、勤務先のデジタル化の進展や関連ツールの活用状況は、「Web会議ツールの活用」が最多の68.2％、次いで「チャット（Teams等）、SNS（LINE等）の活用」が51.9％となっていました。その他、「ファイル共有ツールの活用」「電子決裁ツールの活用」「退勤管理ツール、グループウェアの活用」もまた多くみられるようになり、このようなデジタルツールの普及によって、職場に縛られない

働き方の選択肢が増えてきました。

　このように、テレワークの緊急的な導入など働き方が大きく変化することによって、デジタル化が急速に進む一方で、それに伴いいくつかの課題もみえてきました。例えば、「情報セキュリティー」の問題です。オフィス以外から企業システムに接続する際、会社の機密情報や顧客情報が流出するリスクがあります。そのために万全のセキュリティー対策に対して投資しなければなりません。あわせて、利用者側の情報リテラシー教育も必須です。デジタルツールの使用方法はもちろんのこと、パスワード管理やアプリケーションの最新化といった基本的なリテラシーを身につけておかねばなりません。他にも、通信インフラの整備や端末の増強も課題としてあげられており、デジタル化による柔軟な働き方の実現には、相当に大きな投資が必要となります。

おわりに

　企業を取り巻く環境が目まぐるしく変わっていくなか、環境変化に対応しながら企業価値を高めるためには、イノベーションや付加価値を生み出す人材が不可欠です。そのような現代にあって、企業はその「人材」をどのように「みて」「扱う」のか、その観念を変革していかなければなりません。つまり、人材を「人的資本」として捉え、中長期的な企業価値向上につなげられるように、人材の価値を最大限に引き出すことが望まれます。

　これまで、人材は「人的資源」と捉えられ、いかにしてその使用および消費を管理するか（つまり、効率的利用）といったことが経営の視点でした。しかし今後は、人的資源から人的資本へとパラダイムシフトが進み、個人特有のスキルや能力が企業価値を高める、まさに資本となります。その変化への対応が企業経営における最も重要な課題の 1 つとなるでしょう。

（執筆者：柴山）

《 推薦図書 》
➤　上林憲雄（2015）『人的資源管理 ベーシック＋』中央経済社

➤ 佐藤博樹・武石恵美子（2017）『ダイバーシティ経営と人材活用 多様な働き方を支援する企業の取り組み』東京大学出版会

➤ 佐藤博樹・藤村博之・八代充史（2019）『新しい人事労務管理 第6版』有斐閣アルマ

注

i　勤務間インターバル制度とは、1日の勤務終了後、翌日の出勤までの間に、一定以上の休息時間を確保するしくみのこと。

ii　高度プロフェッショナル制度とは、高度の専門的知識等を有し、職務の範囲が明確で一定の年収要件を満たす労働者を対象として、労使委員会の決議および労働者本人の同意を前提として、年間104日以上の休日確保措置や健康管理時間の状況に応じた健康・福祉確保措置等を講ずることにより、労働基準法に定められた労働時間、休憩、休日および深夜の割増賃金に関する規定を適用しない制度である。

iii　産後パパ育休（出生時育児休業）は、育児休業とは別に男性のみが取得できる休業で、原則2週間前までに企業に申し出ることで、出生後8週間以内に4週間までの休業が取得できる制度である。

iv　事業主に対して義務付けられた従業員に占める障害者の雇用割合のことで、民間企業で2.3％、国・地方自治体で2.6％、都道府県等の教育委員会で2.5％と定められている。

v　自宅で業務をおこなう働き方で通勤等の移動時間を要しないことから、時間を有効に活用することが可能となる。

vi　自宅の近くや通勤途中の場所等に設けられたサテライトオフィス（メインのオフィス以外に設けられたオフィスでシェアオフィスやコワーキングスペースを含む）で業務をおこなう働き方である。

vii　ノートPC等を活用して臨機応変に選択した場所で業務をおこなう働き方である。

viii　テレワーク実施率とは働き方に関する問に対し、「テレワーク（ほぼ100％）」「テレワーク中心（50％以上）で定期的にテレワークを併用」「出勤中心（50％以上）で定期的にテレワークを併用」「基本的に出勤だが不定期にテレワークを利用」のいずれかに回答した人の割合である。

ix　ジョブ型雇用についての詳しい内容は濱口桂一郎（2021）『ジョブ型雇用社会とは何か──正社員体制の矛盾と転機』岩波書店を参照されたい。

第5章

キャリアデザイン

はじめに

　私たちが毎日、健康的に「生活」する基盤には、衣服・食・住居・情報が必要です。戦後から高度経済成長期前までの間は、もののない時代といわれました。現代は、ものや情報が豊かな時代へと変化しています。欲するものは、ほぼ入手することが可能で、ものが溢れ過剰な生活を送っています。生活とは、人間が生きていくための生産的手段を講じながら日々を営む状態です。「生活者」である私たちは、当然のように働き、労働の対価（収入）を得て、生活源として生計を立てます。

　「働く」という概念のなく、自給自足の生活を送っていた旧石器時代から縄文時代、人類には貨幣経済がありませんでした。物々交換（物と物を交換して欲しいものを手に入れる）の社会であったと記録されています。交換物は、現代社会を生きる私たちと同様に、自分や家族の"生活を守る"ために必要なものです。例えば、情報を得て持ち主から食を手に入れ、身に纏える材料、居場所（家）を確保するなど、生活基盤を築くことを目的としていました。自らの生活の安定には、いつの時代も衣食住と情報が根底にあります。

　しかし、現代社会の流れは速く予測困難です。少子高齢やグローバル、多様な働き方の追求、IoTの普及とくらしとの共創があります。また、生活の安定を覆す自然災害や感染症の疾病などは突然発生します。世界規模で猛威を振るった新型コロナウイルス感染症もその１つです。2020年４月に新型コロナウイルス感染症対策として、日本政府は緊急事態宣言を発出しました。働き方への柔軟な対応が求められただけではなく、生きる基盤となる生活も大きく変

化せざるを得ない状況に迫られました。今後も予期しがたい脅威が、私たち個々人の人生に大きな影響を与えるかもしれません。

　平均寿命と健康寿命の延伸、人口減少と少子高齢社会のなか、人生100年時代といわれるようになり、職業人生50年時代が現実味を帯びてきました。マックス・プランク研究所の調査結果は、日本で2007年（平成19年）に生まれた子どもは107歳まで生きる確率50％と推測しています（Human Mortality Database）。いまを生きる私たちは、これからどう生きますか。

　本章では、キャリアデザイン概念を軸に、私たちの「健康・生活・くらし・人生」に深く関係する「働くこと」と「生きること」について考えていきます。

1. 働き方・生き方を問い続けるキャリアデザイン

　生活の糧となる職業人として、社会変化を見据えつつ、自分はどうありたいかを明確にしていく力がこれからの時代には求められます。しかし、私たちは1人で生きているわけではありません。生活は協働やコミュニティなくして営めません。協働システムは協働生活の場にとって不可欠なものであり、1つの組織体です。組織体は、生活資源の調整・統制をおこなうためにマネジメント（経営管理）をしなければなりませんが、これは単に企業という働く場のイメージではありません。大切なのは、"生きることをマネジメントする（生活経営：自分の生活を経営する）"ことです。

　家族や地域、個人が所属するあらゆる組織（集団）には、必ず個人が中核に存在し、組織を成しています。この個の視点を尊重する組織は、柔軟に変化し対応することで形成されます。個の視点に立ち、自分の思い描いた生活（働き方や生き方）について試行錯誤しデザインすることは、自己キャリアすなわち「自分の創り出すキャリア」です。

1-1. キャリアは自分でデザインする

(1) キャリアの語源と定義

「キャリア」は、一般的に経歴・職歴・履歴等の意味があります。英語では career と書き、馬車を表す carriage や、なにかを運ぶ人や物を表す carrier と同語源です（金井（2002））。馬車を引いたときに轍（わだち）ができますが、このようになにかをした結果として残るイメージです。この前進する行為が「働く」ということであり、「仕事をする」ことを指します。キャリアは仕事を通して、自分と自分の人生路を選ぶという人間の営為に関わることと理解されます。

アメリカの心理学者で組織行動論の教授でもある D.T.Hall（D.T.ホール）は、キャリアを①昇進・昇格（advancement）、②プロフェッション（profession）、③生涯をつうじて経験する一連の仕事経験、④生涯を通じた様々な役割経験に分類したうえで、「ある人の生涯における仕事関連の諸経験や諸活動と結びついた態度や行動の個人的に知覚された連続」（Hall, D.T.（1976））と定義しています。組織心理学者 E.H.Schein（E.H.シャイン）の著書『キャリア・ダイナミクス』の原著の副題には「Matching Individual and Organizational Needs」とあり、「キャリアとは、生涯を通しての人間の生き方、表現である（Schein, E.H.（1978））」と意訳されています。

これらの定義から、キャリアを仕事や職業生活に限定せずに、広く「人生」あるいは「生き方」と捉えることができます。仮に、「生き方」を大きなパズルとしましょう。そのパズルは、各ピースで構成されています。そのピースはときどきの事象を表しており、生きている「いま」その瞬間を表現しています。生きるために職に就き、その労働の対価として報酬を得ます。なにを職とするかにより、自分の人生や生き方を大きく変える一要素となり、経済的にも精神的にも自立でき、人生を支え、人生を前進させます。それが「キャリアの礎（いしずえ）」となります。

キャリアの視点では、上述のパズルを構成する各ピースと同様、自分の仕事やこれからの見通しを、時間という"線"で捉えることができ、この"線"を細かくみると、"点と点"がつながったものにみえます。「点という job」から「線という career」となり、その土台にあるのが生命・くらし・人生（Life）です

（山本（2007））。私たちが生きている今この瞬間のくらしが根底にあり、はじめて自分の人生（これから先）について考えることができます。さらに、生活のための手段となる「働く」ことについても、同時に考えることになります。

（2）外的キャリア・内的キャリア

キャリアには、「外的キャリア」と「内的キャリア」の2つの側面があります（Schein, E.H.（1991））。

①外的キャリア（仕事の種類・仕事の分野）

外的キャリアは、経験・体験・学習してきた事柄で、学歴・経歴・履歴・役職・職業などです。組織におけるワーキング・ライフの全体にわたって従業員がたどる適切な発達進路を設けようとする組織で、「どのような組織、どのような立場で、どのような仕事をしていきたいか」という視点です。このキャリアは他者からもみえる内容で、キャリア開発の視点の本質においては、時の経過に伴う個人と組織の相互作用（家族や仕事との相互作用）です。

②内的キャリア（仕事の質・人生の質）

一方、内的キャリアは、経験・体験・学習を通じて、成長している「自分の内面」であり、能力・興味・価値観・仕事観・やりがい・人生・特性・信条・技術などです。職業を追求する個人側からみるもので、「仕事を通して、どのような満足を得ていきたいか」「自分にとってのやりがいはなにか」「自分にとって、その仕事はどんな意味があるか」という視点です。このキャリアは自分にしかみえないものです。

上述の2つのキャリアは、バランスが重要です。どちらか一方が充足すればよいというわけではありません。特に、内的キャリアは自分の価値観により、やりがいや働きがいの感じ方、程度が異なります。たとえ他者が羨む職業や組織内での立場にあっても、本人がそこに価値を置いていなければ、自身のキャリアに対して満足しているとはいえない、ということになります。自身の

外的キャリアと内的キャリアについての目標（望み）等を明確にし、どのように
にバランスを保てば、現状の中で最大のキャリア満足につなげられるのか。家
族のかたちや変化する生活環境や職場環境、心境などを総合的に見つめ修正し
ながらキャリアデザインを成していく必要があります。

1-2.　多様なキャリアデザイン

　人生設計（人生形成）すなわちキャリアデザインは、個人にとっての重要
な指針です。職に就くことは教育課程を経て、社会人・職業人として自立し1
人の個として第1歩を踏み出す機会となります。「職に就く」ということは、
生計を立て、自己実現の達成を可能とし、あらゆる機会と可能性を見いだす契
機となります。

　ここで改めて、「キャリアデザイン」とはなにかを考えてみましょう。ホー
ルは、キャリアデザインを職業に関する明確な問題意識と目標をもつことであ
り、仕事や余暇などの生活を個人が主体的に自己のライフスタイルとして描く
ことである。また、個人は、家族関係・仕事環境を中心とした生涯を『キャ
リア意思決定』を継続しながら個人の生き方を表現していくこと[ii]と説き、ま
た、シャインによれば、個人は家族関係・仕事の環境を中心とした生涯に
キャリア意思決定を継続しながら個人の生き方を表現していくこと（Schein,
E.H.（1991））と捉えています。『職業読本』（雇用促進事業団職業研究所
（1979））では、キャリアを形成するための起点となる職業選択は、一時的な
選択や意思決定に終始せず、「時間的には後戻りのきかない『一連の決定（た
とえば、自分の希望職業を表明すること）』の成果が職業選択行動となって表
れる」としています。ここで述べている「時間的には後戻りのきかない一連の
決定の成果が職業選択行動となって表れる」という表現は、キャリアデザイン
を為すための「起点」とした職業選択の行為、すなわち「起点と意識する瞬
間」のキャリア意思決定がいかに重要であるかが語られています。また、「職
業に関する明確な問題意識と目標を持つことであり、仕事や余暇などの生活
を、個人が主体的に自己のライフスタイルとして描くことである」（田村・水
谷（2007））ともいえます。私たちは、一生をつうじて仕事を選択し決定しな

ければなりません。そのためには、自分自身のキャリア開発あるいはキャリア形成のために、所属している組織の存在は、むしろ個人の人生において"手段"と捉えることができます。

1-3. キャリアは自分でデザインする

　わが国は、少子高齢化に伴う生産年齢人口の減少、労働に対する育児や介護などの実情、また働き方の多様性に伴う働き手のニーズへの対応性といった現状があります。こうしたなかで、投資やイノベーション（技術革新）による生産性向上とともに、就業機会の拡大や労働意欲・能力を存分に発揮できる環境づくりが重要な課題となります。こうした課題の解決のために厚生労働省は、働き手の置かれた個々の事情に応じた、多様な働き方を選択できる社会の実現、1人ひとりがより良い将来展望を持てるように「働き方改革関連法」を2019年（平成31年）4月1日から順次施行し推進してきました。

　働き方改革については第4章で述べたとおりですが、新型コロナウイルス感染症の流行が契機となり、リモートワークを中心とする業務体制の変更、新しいワークスタイルとして注目を集めているクラウドワーキング[iii]等も登場しました。また、多様な働き方を支える制度として、例えばテレワーク勤務（在宅勤務含む）制度、裁量労働制、変形型労働時間制、フレックスタイム制、育児・介護短時間勤務制といった支援制度が求められてきました。こうした環境変化が生む雇用形態の拡大・縮小化といった転換期を転機と捉え、自分に合った働き方を模索し、生き方のプロセスを踏む力が生活者には求められています。

（1）キャリア迷子にならないために

　生活環境が目まぐるしく変化し、将来の予測がしがたい時代には、組織や個人の働き方や生き方が見通せないためにキャリア形成に迷いが生じ、セルフアイデンティティを確かなものにできにくくなります。

　例えば、訪れたことのない場所を旅行する場合、旅行の目的、観光したい具体的な場所、実際に体験したいことをイメージしながら旅行計画を立てま

す。限られた旅行期間を有意義に使えるよう旅の全体像をイメージします。満喫できる旅行にするために、事前に十分な情報を得て計画し希望に近づけます。つまり、自分が望む旅を"デッサン"します。

　これは、「働くこと」と似ています。○△関連の仕事をしたいという目標があれば、その仕事に役立つ資格を取得したほうが有効ですし、長くその職を続けるために必要な学習や経験をしておきたいと願うでしょう。私たちは、目標を実現させるために明確な計画を立てます。計画的・建設的に自分の目標に照らして"自身のキャリアをデザインする"ということであり、「1 度きりの人生を自分らしく生きていくための戦略」といえます。しかし人生は、短期旅行とは異なります。人生の歩みの途中には、仕事の成果が出ないとか、ライフイベント（結婚・出産・育児・家族の転勤を機に退職、転職、再就職、介護など）により方向転換を強いられ、希望と違う選択を余儀なくされ、職業不安に苛まれることもあります。これからどのようなキャリアを目指すべきなのかがわからず、立ち止まったり転職を繰り返し失敗し迷いのなかに直面する。この右往左往する状態を「キャリア迷子」といいます（小林（2023））。

　職業選択は、現時点での適応を左右し、その後の生き方を左右する重要課題です。企業の倒産や人材削減、雇用縮小化という状況に加えて、職業価値観や望ましい社会人としてのあり方が多様化しています。働くことをつうじて、どう生きるべきかが定まらず、将来の方向性を選択できず見失うこともあることを想定したキャリアデザイン構想が求められます。特に、学生から社会人（職業人）に移行する人生の起点時期（節目）をどのような瞬間にするかということも、キャリア生活過程の 1 つの戦略です。職業人生 50 年時代といわれはじめたいま、例えば転職や退職と家族の介護などライフステージの変化が重なると、その時点で自分の働き方と生き方を柔軟に考え、乗り切っていくことがキャリアデザインの指針となります。いま（この先）なにを達成したいのか（目的・目標）、どのようにして達成（到達手段）するかを形式知化することが「個人のキャリア戦略」となります。

（2）思いの描き方はあなた次第

　個人のキャリア戦略が、なんらかの理由でうまくいかない場合に起こるのが、若年層の早期離職であり、問題視されている事象です。厚生労働省（2022）は、2019（平成31）年3月卒業者の新規学卒就職者の離職率（就職後3年未満）を公表しています。高校卒の離職状況は35.9％（1年目16.3％、2年目10.1％、3年目9.6）、短期大学卒では41.9％（1年目17.8％、2年目11.8％、3年目12.3％）、大学卒では31.5％（1年目11.8、2年目9.7％、3年目10.0％）です。例年、ほぼ同割合の離職者率で推移しています。2018（平成30）年度の就職率が97.6％であるため、約10人に3人は就職後3年以内に離職していることがわかります。

　全世代の入職離職の推移（厚生労働省（2022））では、2022（令和3）年1年間の結果、入職者数は720万600人、離職者数は717万2,500人で入職者が離職者を2万8,100人上回りました。就業形態別では、一般労働者とパートタイム労働者ともに、離職者が上回っています。性別では、男性の入職者12.5％、離職率12.8％、女性の入職率15.7％、離職率が15.3％です。年齢階級別でみると24歳以下が他の年齢階級に比べて高いです。

　全年齢階級の離職理由は、個人的理由（結婚、出産・育児、介護・看護、その他）が男女（72.1％、76.6％）ともに高く、事業所側の理由（経営上の都合、出向、出向元への復帰）が男6.2％、女4.0％です。特に、女性の結婚、出産・育児という個人的理由で25〜39歳の間で多くなっています。

　離職することについて、離職する側に問題があるという指摘ではありません。退職や転職、復職、再就職は、自分にとって有益な経験値となれば、それは自分の目指す職業人生のスキルアップであり、思い描く人生に反映される素材になり得ます。人生の描き方は本人自身が主導であるため、マイナス思考に捉える必要はなく、離職という経験が「生きる」ために必要な、自律性と自発性等を育む糧と考えることが大切です。離職という選択肢は、自身の活躍できるフィールド探しのための道標になります。

　しかし景気は変動します。景気が良いときは、多様な選択肢のなかから自らの価値に合った職業選択が一般的で、入社後も会社が個人のキャリアプラン

まで面倒を見てくれることもあります。景気低迷が続くと、新入社員採用も絞られ、非正規雇用においては不安定な立場で働く若者が増加します。たとえ正規雇用で採用されても、職種等によっては、職業教育に時間をかけられず、入職前に求められる能力や有効な資格保持が困難な場合もあります。これまでの慣行であった終身雇用が安定していた時代とは異なり、学生は自らの価値意識により、生き方を創造する「自立した職業人」としてのあり方が求められています。換言すれば、職場等が期待する能力を個の自立による「自己キャリア化」です。

　長い人生の生き方を有意義にしたい、と誰もが望むことでしょう。それを実現に近づけるための職業選択は、自分の人生の軸となります。軸をもつために、働く基準を一時的な感情（職業選択条件で優先順位の低いものを最優先するなど）で判断せず、どのような選択をするかに注視する。より鮮明な意思決定（decision making）、軌道修正の柔軟性が必要です。人生のレールは誰も引いてはくれません。最終的には、自らがレールを創り、切り開いていくことになります。

　一方、女性視点で捉えてみましょう。例えば、パートナーの仕事を優先して自分のキャリアデザインを崩さないようワーク・ライフ・バランス[iv]を保ちたいと願ったとしても、わが国の特に女性の働き方においては、夫や家族を優先し妻が仕事を抑制せざるを得ないこと、退職という選択肢を選ぶ他ない傾向が現状としてあります。家族1人ひとりのワーク・ライフ・バランスを重視できる職場環境や雇用状況、支援対策制度の遅れは否めません。女性は、人生や生活のなかで優先させたいイベントがある時期に、シフトダウンするケースが多くなりがちです。こうした性別役割分業意識[v]の固定化が、性別に関係なく個人のキャリアデザインに影響を与えています。

　ジェンダーバランスの偏りについては、「ジェンダー・ギャップ指数[vi]2022」（世界経済フォーラム公表）の結果から明らかです。146か国中、1位アイスランドは0.908に対して、日本116位で0.650です。項目別では、「教育」1.000（146か国中1位）、「健康」0.973（146か国中63位）、「経済参画」0.564（146か国中121位）、「政治参画」0.061（156か国中147位）です。特に低い

部分は、「経済参画」の管理的職業従事者の男女比、「政治参画」の国会議員の男女比、閣僚の男女比、最近50年における行政府の長の在任年数の男女比という結果が公表されています（男女共同参画局）。

2. 組織による「人材育成」から「個人育成」へ

働くことを通して自分の人生について捉えるとき、どのようにデザインしていけばよいかを考えるキャリアデザインは、経営学の分野でも研究されはじめています。その範囲とは、人事労務管理論、人的資源管理論からのアプローチです。経営組織におけるキャリア発達研究の視座としては、①個人要因と組織要因および両者の相互作用、②短期的視点と長期的視点、③内的キャリアと外的キャリアの3つの重要点が示されています（平野（2017））。

2-1. 労使関係の再構築

職業に対する個人の欲求と組織の要望がマッチングしていなかったらどうしますか。人が皆それぞれ違う人格をもつように、組織の性質も1つひとつが異なります。当然、組織が従業員に要求することも、経営環境もその時期により変化します。変化のスピードが速く、労働環境が複雑な状態で、個人と組織をマッチングさせるためには、自己キャリアと組織や経営者がともにマッチできるように、相互に責任をもつことが大切です。

時代は、VUCA（ブーカ：Volatility〈不安定〉＋ Uncertainty〈不確実〉＋ Complexity〈複雑〉＋ Ambiguity〈不明確〉）[vii] といわれています。変化が激しく、先の見通しが悪い時代に、10年後や20年後が読みにくくなっています。不確実な時代に「企業（組織）は人なり」といわれてきたように、これから先は人をどのように、どのようなかたちで育てるのでしょうか。一方、個人はどのような人材を目標にするのでしょうか。

将来を見据えることが困難な社会に対して、企業は自社の将来性を考慮しなければなりません。これまでのように、組織にとって有益な人材育成に注力するスタイルから、各個人が組織のなかでどのように育ちたいかを意識でき

るような方向付けが求められます（武石（2018））。組織が描く人材に育てるようにレールを敷き、そのうえを走らせるのではなく、戦闘ゲームに例えるならばパワーアップしたい武装アイテムを主体的に獲得できる、各自で十分に思考し設定した目標を達成できるための武器（知識・スキル、技術、関係性など）を自らの意思と責任において選択・獲得するという「エンパワメント（empowerment）」が必要です。個人は自己のキャリアについて自律的かつ能動的に行動し、主体的にキャリア形成をおこなうという「キャリアオーナーシップ」が求められます（佐久間（2021））。

（1）人材育成の変化

　労働力人口の現象や定年の延長などの要因から、職業人生が長くなることが予想されます。若年層の人材不足に拍車がかかるなかで、組織にとってはいち早く貢献できる即戦力となる人材育成に努めたいところです。1 人ひとりに期待する価値観が高まり、長期的かつ着実にスキルアップさせることが人的資源的経営戦略の 1 つとなります。この人材育成の仕方も社会変化に伴い変っ

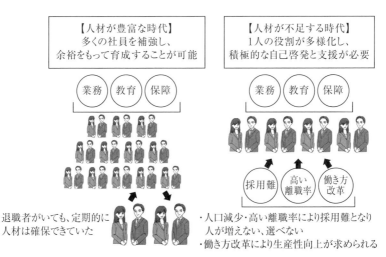

図表 5-1　組織を支える人材の変化

出所：Prosharing「人材育成の方法〜企業価値を最大化する人材の育て方〜」より筆者作成

てきました（図表 5-1）。

　人材が豊富な時代は、仕事に人を宛てがうことが可能です。しかし、人材が不足している現代では、時代変化に対応した経営戦略に従事できる人材が必要となります。1 人が受け持つ業務範囲が多岐にわたるという、何役もの役割を担えるよう、多様化に備えた自己啓発が重要です。組織は、個人が自発的に取り組める「キャリアプランニング」の支援が必要であり、組織は経営目標達成のために、個人のキャリアを管理し、計画的にスキルアップできるよう経験やスキルを有する人材育成として、「キャリアマネジメント」の視点が欠かせません。

2-2.　個の視点と組織との調和

　わが国の雇用形態は、メンバーシップ型雇用（人に合わせて仕事を割り当てる）からジョブ型雇用（仕事に合った人材を任命する）へと変化しています。仕事内容が決まっており、それに最も合致する人材を選定するというジョブ型雇用システムになると、仕事や環境に合ったスキルの発揮が可能であり、キャリア形成・キャリアパス（career path：キャリアを積む道）の機会が開かれます。ジョブ型雇用の人事制度に基づくと、「A 社で働きたい私」ではなく、「A 社の△△を担当したい私」という得意分野や自分の技能・能力、知識、経験を企業等に示せる人材として能力開発・自己啓発の機会が創出されます。

　自身の能力を向上させることと、自身のキャリアが進展することは、同時進行であると考えられます（松本（2015））。能力の幅が広がれば、できなかったことができるようになり、違う分野のスキルが身につきます。そうすれば、担当業務のスピードアップが図れることや効率的な業務展開が可能となります。また、希望していた業務を任され、一層仕事へのやりがいを感じることができるようになるかもしれません。組織側のキャリアアップ教育機会を期待したり、教育支援のお膳立てに対して受動的な姿勢では、キャリアアップは図れません。これは、企業が自社人材として期待する存在になり難く、個人と組織間の不協和音が生じます。企業主導型ではなく、自身のキャリアを考え自律的にキャリア開発を図り継続していく「キャリア自律」は、自己実現を図りなが

ら組織貢献が実現するという両輪のバランスを形成します。

　健康寿命・平均寿命が低い時代は、のんびり余暇を過ごす定年後を思い描く人も多かったかもしれません。しかし、定年繰り下げ議論がはじまってから、今後は第 3 の人生、第 4 の人生を早い段階から見据えた現役時代を、いかにして過ごすかを自分のキャリアデザイン（自己キャリア）として取り込む必要があります。

　一方、事業者に対しては、従業員の多様な働き方を介した生き方ができる多面的な雇用体制やキャリア支援を提供できる柔軟性ある組織を追求し続ける必要があるでしょう。こうした動向に反応し、新たな制度導入を試み始めた企業があります。三井住友海上火災保険は、2023 年 4 月から育休を取得した社員と同じ職場で働く同僚に、最大 10 万円の一時金「育休職場応援手当」を支給することを発表しました。支店を含む全社員を対象とし、支給額は職場の規模や育休取得者の性別に応じて決まるようです。大手企業では珍しい取り組みで、育休を取りやすい環境整備を目的に、少子化対策に貢献することを狙いとしています（讀賣新聞オンライン）。

　育休制度の整備は一般的ですが、育休を取得した職員の業務負担を全体でカバーする必要があります。組織によっては、人員補充しないケースがあり、制度利用者の復帰を待つか臨時職員等の配置があるまでは、限定された職員数で工夫し業務運営するしかありません。一方で、他職員への気兼ねから退職を選択する女性職員も少なくありません。別課題としては、復職後の制度利用者の苦悩です。例えば、①身につけてきたキャリアを活かすことができるか、キャリアがゼロになってしまうのではないかという不安、②組織の方針が変わり仕事についていけるか不安、③子どものことで急遽呼び出しや休暇への対応不安、④育児と仕事の両立ができるか不安など悩みは尽きません。

　流通大手のイオンを運営するイオンリテールは、一部のパート従業員の給料を同じ業務をおこなう正社員と完全に同じにするという待遇差を完全になくす制度を導入したことを発表しました（2023（令和 5）年 3 月 15 日）。パート従業員が社員と同様に資格試験に合格すれば、昇格や昇給ができるという制度を導入し、フルタイム勤務でなくても適用されます。基本給や手当から、賞

与や退職金も正社員と同じ水準で受け取れるということです。人手不足が深刻な小売業界の一対策の取り組みです（朝日新聞デジタル）。

3. 人生 100 年時代を生き抜くためのキャリア自律

　職業人生が長くなるこれからは、新卒で入職し、その後定年まで同じ職場で働き続けるという固定概念は払拭されていく可能性があります。中途採用（キャリア採用）で再就職することや転職を余儀されることもあるでしょう。中途採用の場合は、ジョブ型採用となり基本的には前職までの職務内容と経験を活かすことになります。したがって、業種や職種の異なる職務には付き難くなること、年齢制限により職種を選択しづらくなることが考えられます。

　こうした働く場探しを困難な状態にせず、個人スキルを活かし続けられるようにするための視点が、「パーソナリティ形成」と「キャリア・アンカー探索」ではないでしょうか。

3-1. 個人に求められるキャリア形成力

（1）相手（就職先）をみる前に自分を知る

　ここでは、志望する就職先を見る（探す）前に、その企業に売り込む自分自身のことを知る必要性について考えます。

　人は生きる過程で、何度も自己決定を迫られる節目があります。この自己決定にはパーソナリティ形成が根底にあります。人格や性格のことをパーソナリティといいます。この言葉はラテン語の「ペルソナ（persona）」に由来するといわれています。語源には諸説あるようですが、ギリシャ語の「仮面（prosopon）」から変化したものとされています。

　パーソナリティ形成には、核になる気質と性格があります。性格の基礎にあたる「気質（先天的性格）」は遺伝など親から譲り受けた素質部分です。その後、「気質」を中心にして、周辺にパーソナリティが形成されていきます。家庭環境などから影響を受ける性格は、「価値観・態度」（後天的性格）を形成し、社会環境などから影響を受ける性格として「役割・行動」（後天的性格）

といった側面が形成されます。つまり、生活環境や家庭環境などの影響、人生経験などで形成されていく習性または特性があります（斎藤ら（2007））。自分の行動特性を知ることは、自分を見つめ直す重要な要素です。なにかを成し遂げるときに発揮された力、と考えることができます。

　例えば、就職活動の前には、あなた自身の「なりたい自分」や「自分に向いている仕事」「そうなるためにどのような努力が必要か」などを探求し、そうした自分の意思が明確になっている状態が根本にあるはずです。自分はどうしたいのか、自分とは何者なのかなど「自分探し」ができていなければ迷路に入り込み身動きがとれない状況を作ってしまいます。アイデンティティという他人とは異なる自分らしさは、直接には、親や友だちを通じて形成されるものではなく、生活のなかで、さまざまな経験を通して自ら作り上げていくものです。未完成なアイデンティティのままだと、目的不明な道や望まない道を選択してしまい、その後のキャリア選択の幅を狭めてしまうことになりかねません。

(2) 自分を知った（理解した）うえで相手（就職先）をみる

　自分を知り、理解したら、次に就職希望する企業等について探ります。一生懸命に就職活動をして、志望先から内定をもらい入職、入社すれば安心とは限りません。なぜなら、「リアリティ・ショック」を受ける場合があるからです。リアリティ・ショックとは、社会学者のエバレット・ヒューズが提唱し、後にシャインによって広く周知された概念です。入社直後、あるいは新しい職種に就いた直後の幻滅感や期待外れに起因するショックのことです（Schein, E.H.（2005））。どの職種においても初期段階にみられる現象といわれています。働き始める前に想像していた仕事のイメージや期待や思いが、働き始めたときの現実とギャップを感じるといったミスマッチが生じてしまうのです。

　大卒新入社員の3割以上が3年以内に退職するという「若者の早期離職問題」は、いまも企業を悩ませています。厚生労働省によれば、2021（令和3）年1年間の離職者の離職理由には、「私が関わりたかった仕事ではない」「私でなくても誰にでもできる仕事だと思った」「もっと専門的（高度）な仕事がし

たい」「仕事は楽しいものだと思っていた」などがあります。思い描いた職に対する夢とかけ離れていたことを理由に、退職を選択してしまうわけです。リアリティ・ショックを最小限にするためには、企業が求める人材と就職者が希望するポイントのマッチングを高める必要があります。

3-2. キャリア・アンカーをみつける

　労働者の働き方には、時代変化への対応が伴います。戦前から戦後、高度経済成長を経験し、バブル崩壊、たびたび見舞われる大規模な自然災害により起こる経済活動への影響、IT革新、バブル崩壊、リーマンショック、少子高齢社会と人口減少、人手不足経済、雇用の非正規化と格差問題、働き方改革推進など、荒波に飲み込まれないよう、自分という生活者にとって「働くとはなにか」の基軸を明確にしましょう。これは「個人のキャリア・アンカー」について考えるということです。

　キャリア・アンカーとは、キャリア選択を方向付けるものです。自分の進むべき方向を導くアンカー（航路や港という航海のたとえで船の錨と捉えられている）により、働き方や生き方を切り拓いていきます。アンカーを知ることにより私たちは、航路から外れないように、また安全な港に停泊することができるようになります。キャリア選択を重ねるにしたがい、航路から外れたときに引き戻されるところ、自分が本当にやりたいことをよく考えるための拠り所（人生の拠り所＝ライフ・アンカー）、あるいは自分自身を発見する拠り所としてアンカーを参考にするようになっていきます（Schein, E.H.（2003））。

　シャインは、個人のキャリア・アンカーを構成する3つの問い（図表5-2）について内省することが、キャリアについて考える基盤を構築すると述べています。①自分はなにが得意か（自覚された能力・才能）、②自分はいったいなにをやりたいのか（自覚された動機・欲求）、③どのようなことをやっている自分なら、意味を感じ、社会に役立っていると実感できるのか（自覚された態度と価値）（Schein, E.H.（1991））。3つが重なった部分がキャリア・アンカーです。したがって、現状と目指すべき方向の間にあるギャップをどのように埋めることができるか、という現時点での課題の明確化もキャリア・アンカーを

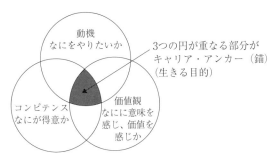

図表 5-2　キャリア・アンカーを探る 3 つの問い
出所：Schein, E.H.（1991）pp.142-144、金井壽宏（2002）
　　　pp.35-41 より筆者作成

探るために重要な気づきの要因といえます。

　キャリアの拠り所を探す作業は、時間的にも空間的にも遠い将来と照らし合わせて考えます。この一方で、変化する仕事状況での「いま」の適応具合を診断したうえで意思決定することも大切です。これについて金井（2003）は、自分を取り巻く人間関係とそれに関わる職務上の役割期待を知り、変化する社会や経済環境の「いま」を知らなければ、アンカーに適応した仕事ができるとは限らないと述べています（図表5-3）。こうした事象が、先述した「相手を知る」という意識であり、すなわち自己キャリアデザインのための相手（対人や自己が置かれた環境等）を認知するということになります。

　キャリア、それは働くことを通して生きることを考えることであると冒頭で述べました。あの人のような働き方がしたい、生き方がしたいという憧れを抱いたり、切望することもあるかもしれませんが、人生の見本はありません。現代を生きる私たちは、それぞれの人生を自分が主体となり意思決定していかなければなりません。進みたい方向性を示すうえでキャリアデザインの目的を明確にすることで、幾度となく訪れる環境変化、人生の転機（節目）をポジティブに向き合いたいものです。

　キャリアデザインのための目的を遂行するには、自己理解と自分の役割や強みを自覚し、客観的に市場価値を評価（市場価値の明確化）しながら、将来目指すべき自分の目標から逆算して、いま取り組むべきアジェンダ（頭のなか

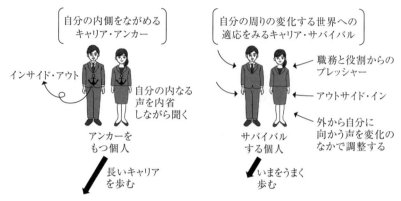

図表 5-3　アンカー（内からの視点）とサバイバル（外からの視点）
出所：金井（2003）p.19 より筆者作成

に描く行動のためのリスト）を明確にすることです。ワーク・ライフとワーク・ファミリー [viii] の均衡を図りながら目標に取り組み自己実現することが重要ですが、VUCA時代であることを意識し、専門知識やスキル、資格取得、失業後再就職できるキャリアアップを図るなど、将来への備え（リスクヘッジ）がポイントとなります（Talent Management Lab（2020））。

おわりに

　生活の中核となる働くことと生きることの2つの比重について、"私は"どのようにバランスを保ちたいのか。私にとってなにが理想なのか。こうした視点を重視するデザイン時代が到来しています。長期的ビジョンを持ち、個人個人が主体的に建設的に自らの力でキャリアデザインを考え、自分の人生なのだから自分で創造する強い意思をもち、決意する。働き方を通した生き方を背景に据えながら、仕事の意味について自問自答を繰り返す行為こそが、100年ライフを生き抜くために求められる心得であると考えます。

（執筆者：田村）

《 推薦図書 》

➤ E.H. シャイン［著］，金井壽宏［訳］（2003）『キャリア・アンカー — 自分のほん とうの価値を発見しよう —』白桃書房

➤ 川﨑友嗣［編著］，安川直志・安川志津香・堀田三和［著］（2019）『大学生のた めのキャリアデザイン 自分を知る・社会を知る・未来を考える』ミネルヴァ書房

➤ 小林さとる（2023）『キャリア迷子 自分らしく働けない人のための「生き方提案」』 ディスカヴァー・トゥエンティワン

注

i 人は、生きるという目的を達成させるために、生活の諸要素を活用することが必 要である。このため「生活」と「経営」をひとつの語意として用い、「生活経営」 （生活を営む）という。松岡・竹田・藤井・辻（2000）『生活経営 — well-being を めざす自助努力 —』建帛社．p.2

ii キャリア意思決定に関する理論について、ホールは、マッチング・モデルとプロ セス・モデルの 2 つに大きく分けられると考えた．ホール自身のキャリア意思決 定として、①日々の選択、②サブ・アイデンティティの選択、③適切なキャリア 選択に必要なもの、④人間関係の影響、を示した。渡辺三枝子［編著］（2003） 『キャリアの心理学 働く人の理解〈発達理論と支援への展望〉』ナカニシヤ出版． pp.121-122

iii クラウドワーキングとは、企業が業務の一部を外部委託するもの。専門分野のフ リーワーカーが、在宅で業務を請負うスタイルで、ライティングや翻訳、動画制 作、営業代行など多岐に渡る。働く時間や場所が自由なため、生活ペースを維持 しながら仕事ができるというメリットがある。

iv ワーク・ライフ・バランスとは、仕事と生活の調和が実現した社会の姿を、「国民 一人ひとりがやりがいや充実感を感じながら働き、仕事上の責任を果たすととも に、家庭や地域生活などにおいても、子育て期、中高年期といった人生の各段階 に応じて多様な生き方が選択・実現できる社会のこと。（内閣府　仕事と生活の調 和推進室『仕事と生活の調和（ワーク・ライフ・バランス　総括文書 — 2007 〜 2020 —』2021 年 6 月））

v 性別役割分業意識とは、男女を問わず個人の能力等によって役割の分担を決める ことが適当であるにもかかわらず、「男は仕事・女は家庭」「男性は主要な業務・ 女性は補助的業務」等のように、男性、女性という性別を理由として役割を分け

る考え方のこと（男女共同参画局）

vi 　ジェンダー・ギャップ指数（Gender Gap Index: GGI）は、「経済」「教育」「健康」「政治」の４つの分野のデータから作成され、0が完全不平等、1が完全平等を示す。男女共同参画局「『共同参画』2022年8月号」https://www.gender.go.jp/public/kyodosankaku/2022/202208/202208_07.html（2023年4月15日参照）

vii 　VUCAは、アメリカで使われていた軍事用語といわれています。1990年代にアメリカとロシアが対戦していた冷戦が終結し、核兵器ありきだった戦略が不透明な戦略へと変わったことを表している言葉。その後、2010年代に変化が激しい世界情報を表す言葉としてビジネスでも使用されるようになった。換言すれば、先行きが不透明で、将来の予測が困難な状態のことを指す。I-Learning「VUCAとは何か。VUCA時代を生き抜く企業に必要なこと」https://www.i-learning.jp/topics/column/business/vuca-era.html（2023年2月22日参照）

viii 　ワーク・ファミリー・バランスは、語源的には「ワーク・ライフ・バランス」よりも古い。1980年代後半、アメリカの民間企業で、子どものいる女性社員に向けた「ワーク・ファミリー・バランス」と称する育児サポート制度が登場。やがて、女性の登用を視野に入れた仕事と家庭が両立しやすい「ファミリーフレンドリーな職場」という概念が広まった。90年代には、子どものいる女性だけではなく、すべての人にとって、仕事と生活を充実させていくことは重要であるとして「ワーク・ライフ・バランス」という考え方へ拡大した。善積京子（2019）「ワーク・ファミリー・バランスの研究」『家族社会学研究』31（1），pp.5-6

第6章

マーケティング

はじめに

　ドラッカーは 1974 年に出版した著書『マネジメント』のなかで、企業の目的は顧客創造にあり、マーケティングとイノベーションの 2 つを企業の基本的な機能だと述べています。イノベーションについてはひとまず脇によけておいて、マーケティングとは、事物の価値を創出したり高めたりして商品化し市場に提供するプロセスのことです。

　さて、いきなりですが、ここで 1 つ問題です。

"1 円の水道水（500ml ペットボトル詰め）を 100 円で売るには、どうすればよいか？"

　本書を手に取ってこのページを開いている皆さんはきっと「マーケティング」に興味をおもちでしょうから、たとえば、なんらかのブランディングを試みたり需要が見込める場所を選定するなどして付加価値をつけて販売するといった、マーケティング的な発想が頭に浮かんでいるかもしれませんね。

　この課題に対する有効な手立てをロジカルに説明するには、行動経済学の「アンカリング効果（Anchoring Effect）」というものが役立ちます。これは、船を停泊させるときに下ろす碇（Anchor：アンカー）になぞらえて、身の回りの情報が人に固定観念を植えつけてしまうという効果を指していいます。日ごろ、私たちがコンビニや自動販売機で目にするミネラルウォーターは大体 100 円くらいで購入できますね。この何気ない一般化された情報は、私たちの意識に「ミネラルウォーター＝ 100 円」という基準を植えつけています。こ

の事前情報による認識形成のプロセスがアンカリングといわれるものです。そして、その水道水の成分データを消費者に示したうえで試飲してもらい、ミネラルウォーターと遜色ない水だと実感してもらえれば、アンカリング効果も手伝って100円で購入してもらえる可能性は高まります。ちなみに、実際に東京都水道局が浄水した水道水をペットボトルに詰めて、『東京水』という商品名で販売していました（現在、製造および販売は終了しています）。

　そもそも企業というのは、人びとや社会が求めるなんらかの価値を市場やネットワークをつうじて、その受益者のために／受益者とともに創造することを求められる存在といえます。つまり、マーケティングはその価値創造／共創を実現するための機能であり手段となるのです。

　しかしながら、マーケティングだけでは水道水は売れません。飲用水として売り出すのであれば、安全であることはもちろんのこと、味もミネラルウォーターと変わらないくらいにおいしくなければなりません。都会の水道水はカルキ臭くて飲めたものではないというイメージが先行していますが、実際に一昔前はそうでした。しかし、浄水技術の進歩に伴い、都会の水道水も安全で美味しい飲用水として認められるようになったのです。つまり、これはイノベーションがマーケティングの可能性を広げた好例ともいえるでしょう。ビジネスやマーケティングもまた、社会や経済の変革とともに新しく生まれたり変化していくのです。

　本章では、まずマーケティングの基本的な機能と活動について説明します。次いで、時代の変遷とともにマーケティングがどのように変わってきたか、開発されてきた理論を踏まえながらお話しして、最後に現代のマーケティングの一大テーマとなっているサービス・マーケティングやリレーションシップ・マーケティングを紹介します。あくまでもマーケティングの「さわり」にすぎませんが、本章を読み終わるころには企業経営においてマーケティングがどれほど重要な役割を担っているのかご理解いただければ幸いです。

1. 経営のなかのマーケティングとは

さて、冒頭でお話ししたように、マーケティングはビジネスにおいて最も重要な企業活動の 1 つです。また、企業にとっては市場や社会に対してどのような会社であるかを表現する方法ともいえるでしょう。マーケティングってよく耳にする言葉だし、なんとなくどのようなことをするのか想像はできるかもしれません。でも、マーケティングという言葉の意味を正確に理解してどのようなものか説明できる人は、ビジネスパーソンでも多くはないものです。ここでは、皆さんにまずその言葉の意味を理解していただけるように、マーケティングの、いわゆる「定義」を歴史を辿りながら説明していきます。

1-1. マーケティングの歴史

テキストや論文などの文献のなかでは、その筆者が特有の観点からある物事に対して比較的抽象的な文章で説明（定義づけ）をしていますね。この定義づけは、その事象や事物の概念としての理解を共有するための手段となります。もちろん、マーケティングも同様に、たくさんの学者がそれぞれの研究や調査を踏まえた知見から「マーケティング」を定義していますし、時代によってもその内容は異なります。だけれども、ごまんとある定義をここで逐一あげるとキリがないので、マーケターにとって 1 番なじみのある AMA（アメリカマーケティング協会：American Marketing Association）の定義を紹介します。

AMA は、マーケティングとそれに関連する概念（マーケティングリサーチ、ブランドなど）について 3 年ごとに見直して定義をアップデートしています。社会科学である経営学やマーケティングは時代が変われば見方も変わるということですね。さて、その AMA の最新版のマーケティングの定義[1]がこちらです。

> マーケティングとは、顧客、クライアント、パートナー、さらには社会全体にとって価値あるもの（オファリング）を創造し、伝え、提供し、交換するための活動、連関する制度、プロセ

スである。

　ご覧のとおり、抽象的すぎてわかりにくいかと思いますので、説明を加え
ます。ここでの１つのポイントは、対象を顧客単位に限定せず社会にまで広
めていることにあります。近年の、例えばSDGsなどの影響もあるでしょう。
また、クライアントやパートナーといった関係性を意識した相手を示している
点も近年のマーケティングのあり方を表現しています。これについては、後述
しますが、「サービス・マーケティング」の考え方が影響を与えていると考え
られます。つまり、簡単にいうと、それらから求められる商品を生産し、さま
ざまなメディアをつうじて広告や情報提供をおこない、販売するしくみづくり
をしていくことがマーケティングの役割ということになります。もちろん、こ
のプロセスには多方面に対して適切に配慮しなければならないし、組織活動の
全体的な調整や連携が必須となります。そのため、マーケティングの責任者
は、市場ニーズや社会事情に関する豊富な知識やマーケティングの技術に加
え、戦略的な観点と組織マネジメントの能力も養わなければなりません。欲を
いえば、目標達成にメンバーをコミットさせるためのリーダーシップも磨いて
いくと、なお良いですが。

　さきほど、AMAはマーケティングの定義を時代に合わせて定期的に更新し
ていると述べましたが、初期のころの定義ってどんなものだったか気になりま
せんか。確認できる範囲で最古のそれは1948年のものになります。現代のも
のと比較してみてみましょう。

> マーケティングとは、商品やサービスの生産者から消費者またはユーザーまでの流れ（フロー）
> を指揮するビジネスの諸活動を遂行することである。

　文言はもちろんのこと、初期のマーケティングの定義は現代のそれとは目
的と対象の範囲が少しというかだいぶ違いますね。この時代は、現代のマーケ
ティング・プロセスを構成する１つの要素である「流通」に焦点があてられて
いたようにみられます。

　そもそも、マーケティングといわれるような事象はこのときにはじめて観

察されたものではありません。極端にいえば、「市場（Market）」という概念が発生している時点ですでにマーケティング的活動が存在していたのです。ただ、ドラッカー（1954）の見立てでは、そのような現象はAMAが初期の定義づけをおこなった19世紀中ごろまでには、米国で「マーケティング（Market＋ing＝市場創造）」という名称を得て広まっていたようです。

　遡ればキリがありませんが、GM社の経営者として有名なスローンが1920年代にはすでにマーケティングの手法を用いて経営再建をやってのけています。スローンは、当時のライバル企業であったフォード社の「T型モデル」という自動車が開拓した大衆車市場の買い替え需要期を狙い、「GMシボレー」という洗練されたデザインの車種を導入したり、"A Car for Every Purse and Purpose"を宣伝文句にして、いろんな所得層と使用目的に対応した「フルライン戦略」を実践しました。さらに、各車種の定期的なモデルチェンジとともに、割賦販売と中古車の下取りをおこなうことで消費者の購買意欲を刺激し、売上を伸ばしました。このような手法は、現代でも各自動車企業で基本的なこととしてみられますね。

　後に触れて説明しますが、1960年代には、いまなお最も有名なマーケティング理論の1つとしてテキストでも紹介される「マーケティング・ミックス（4Ps）」がE.J.McCarthy（E.J.マッカーシー）（1960）によって開発されました。実務界にも大きく影響を与えたこの理論が瞬く間に全世界に広まっていきビジネスのスタンダードとなっていった様は、1985年のAMAのマーケティングの定義にも表れています。

> マーケティングとは、個人及び組織の目的を満足する交換を創出するために、アイディアや商品やサービスの考案から、価格設定、プロモーション、流通に至るまでを計画し、実行するプロセスである。

　この定義はまさにマーケティング・ミックス理論が強調されていますが、初期の定義とは異なり、流通だけでなく、商品企画からはじまる一連のマーケティング・プロセスの計画と実行を含んでいます。さらに「組織目的の満足」に触れていることから、戦略的な考え方も垣間見ることができます。

　現代の定義はどちらかといえば企業利益よりもマーケティングが目指すべき顧客志向性や社会的利益が示唆されているのに対して、初期と80年代の定義は企業にとってのいわば、「売れるしくみ」づくりの手法をいい表していました。この間にはマーケティングにおけるパラダイムシフトを引き起こすほど議論が出てくるのですが、それは後節にゆずるとして、次にマーケティングの「売れるしくみ」づくりの中身についてお話しします。

1-2. マーケティングの基本的な考え方

　ドラッカー（1974）は、企業の目的を「顧客を創造すること」と捉え、これを成し遂げるにはマーケティングとイノベーションが基本的かつ必要不可欠な機能になると主張しました。マーケティングは「売れるしくみ」をつくることではありますが、売る方法つまり販売方法に特化した機能ではありません。あくまでも、買い手側が市場に溢れる商品のなかから最適あるいは満足のいくものを選択して購入するのです。

　つまり、企業側は「なにを売りたいか（あるいは売ることができるか）」からビジネスをスタートさせるのではなく、「顧客にとって価値あるもの」を理解し、その価値創造をサポートすることがマーケティングの役目であり、商品（モノであれサービスであれ）の販売自体はそのための1つのプロセスにすぎないのです。

　買い手から自然と買ってもらえるようになれば、販売や広告に余分な資源を割く必要がなくなります。そうすると、予算をイノベーティブな商品開発や顧客対応の効果的な実践に投資することができるようになります。そのような顧客志向型のマーケティングが実現できれば、より多くの顧客の満足度を高めることができ、売上が伸びていくかもしれません。「無駄な投資の回避」と「コストの有効活用」はビジネスの基本です。

1-3. マーケティングのしくみ

　既述のとおり、マーケティングは企業や商品の命運を担う1種の主たる活動です。そのため、戦略的な意思決定を要するし、組織の全般的な連関がなけ

れば十分に満足いく成果は得られないかもしれません。

　では、そのマーケティングは実際にどのようにおこなわれているのでしょうか。ここでは、企業やマーケターが執りおこなっているマーケティングの計画と実行のプロセスについて順を追って説明していきます。

(1) マーケティングの目標

　ドラッカー (1974) は、マーケティングにはそのプロセスをつうじて次のような複数の関連目標がみられると指摘しています。

- 既存の製品に関する目標
- 既存の製品の廃棄に関する目標
- 既存市場における新製品に関する目標
- 新市場に関する目標
- 流通チャネルに関する目標
- アフターサービスに関する目標
- 信用供与に関する目標

　これらの目標は、ビジネスのコンセプトやターゲットとする市場などの検討をおこなっていく事業戦略の策定のプロセスのなかである程度関わるものであったり、あるいは事業戦略を遂行していくなかで調整したり、改めて設定していくものもあります。戦略とは事前に計画されたものがそのままのカタチで実行されることはほとんどなく、その遂行のプロセスのなかで生じる不測の事態に対応して変化していくものです。自分の上司となるマネジャーには、ぜひとも適切な機転を利かせられるほどの柔軟性が欲しいところですね。

(2) マーケティングの計画

　さて、マーケティングの計画は大局的なものと現場レベルのものとに大別されます。前者は、中長期のスパンでの遂行を目指す「戦略的マーケティング計画」といわれるもので、事業戦略に対応します。後者は、短期的な観点から

設定され細かに調整されていく「マーケティング機能戦略プログラム」と呼ばれるものです。

　下図は、戦略的マーケティング計画のプロセスを示したものです。戦略的マーケティング計画は大きく 3 つの段階に分けられます。では、順を追ってみていきましょう。

図表 6-1　戦略的マーケティング計画
出所：小川（2009）p.78 より筆者作成

①分析

　まず、ビジネスもまた社会における経済活動の一端を担うのだから、その時代の社会や経済、さらには関連市場の状況といったマクロ環境の「分析」は欠かせません。誰しも新型コロナウィルス感染症のパンデミックは予測できなかったでしょうが、そういう状況になって打ち出された政府の規制であったり、消費者やステークホルダーやライバル企業の行動変容から市場や経済への影響を慎重かつ冷静に分析することで、難易度は高かったと思いますが、なんとか多くの企業が対策を講じることができました。外食を控えなければならなくなってUberEatsの利用が増えたり、リモートワークのためにニトリやイケアなどの家具業界の売上が伸びたりと、コロナ禍から生まれたり成長したビジネスもありますね。まさに"ピンチはチャンス！"、変化にこそ付け入る隙ができるのです。

②計画

　次に、そのような分析をつうじてみつけたチャンスやアイディアをビジネスへと変えていく「計画」段階に入っていきます。その際、企業が掲げる理念

であったり、他の商品や事業とのシナジー効果あるいはカニバリゼーション（社内ブランド間の共食い）なども考慮しながら、新たに打ち出す商品のマーケティングの戦略と計画を考えていかなければなりません。もちろん、自社内の保有資源だけで事足りればよいですが、往々にして新しいことには新しく必要な資源を用意したり開発しなければならないものです。その手段もまた、この段階の課題となります。

　この計画段階では、「製品戦略」「価格戦略」「コミュニケーション戦略」「チャネル戦略」といった４つのマーケティング機能ごとの戦略を立て、活動計画に落とし込んでいかなければなりません。

〔製品戦略〕

　製品戦略では、どのような技術を用いて新製品を開発するのか、そしてその生産方法にいたるまでのプロセスについて考えることになります。製品開発といっても、例えば企業がもっている既存の技術を活かすことができるのか、あるいは大きな予算をかけて画期的な新技術を獲得して新製品を開発するのか、さまざまです。例えば、ジェネリック医薬品が先発の薬よりも安価なのは、先発の医薬品に係る特許が切れて、同じ成分で同様の生産過程を経て作ることが制度的にできるようになったためです。つまり、医薬品の研究開発に係る莫大なコストの部分がカットできるからですね。

　また、製品の特性や需要、あるいは企業の規模によって、生産の方法や生産量は異なります。例えば、大手シューズメーカーのスニーカーは需要も大きく、量産に対応する生産技術と設備をもっています。一方、ハンドクラフトの高級革靴は、熟練した職人が選び抜かれた良質な材料を使って、一足一足に時間をかけて製作します。スニーカーは大量生産されるため、一足あたりのコストは抑えられ、低価格を実現できます。しかし、高級革靴のほうはどうしてもコストがかさみ、価格は高くなってしまいます。もちろん、靴はTPOに合わせて履き分けるものであって、市場が異なりますので、どちらが良いとか悪いとかではありません。

〔価格戦略〕

　価格戦略では、先ほどの製品の開発や生産の状況を前提としますが、商品や企業のブランドイメージ、さらには他商品との兼ね合いも考慮しながら決めていかなければなりません。また、そこでは販売量を増やすしくみとして消費者心理のメカニズムが巧みに利用されています。例えば、300円よりも298円といった「端数価格」のほうが若干ではあるけどお得に感じられますよね。その他にも、本章の冒頭でお話ししたミネラルウォーターは100円くらいというアンカリング効果をもたらす「慣習価格」であったり、Tシャツ1枚3,000円のところ2枚セットで購入すると5,000円といった「抱き合わせ価格」などです。お得になるからといって、要らないものまでついつい買ってしまうことがありますよね。マーケティングの話をしておきながらナンですが、価格のマジックに引っかからないように、財布の紐はキツく結んでおかなければいけませんね。

〔コミュニケーション戦略〕

　無印良品（株式会社 良品計画）は、「商品をつうじてお客様とコミュニケーションをとっている」そうです[ii]。無印良品の商品は、シンプルでありながらも機能性が高くデザイン性に優れたものが多い印象を受けますが、実はプロダクトデザインを手掛けるのは有名なデザイナーです。でも、デザイナーの名前は一切明かされることはありません。なぜなら、そのデザイナーの名前が出てしまうと、消費者は無印良品の商品として買うのではなく、そのデザイナーの作品として買ってしまうからです。「商品をつうじたコミュニケーション」という意味は、無印と消費者間の「ブランド・コミュニケーション」という意味もありますが、顧客からのリクエストを聞いて、それを商品化するというしくみがとられています。このようなコミュニケーションのしくみは、良品計画と消費者との間に、消費者が求める商品（価値）を創造する関係性を構築しているものともいえます。

　このような関係性を構築していくマーケティングを「リレーションシップ・マーケティング」といいますが、これによって、無駄に高い広告宣伝費を抑え

ることも可能です。C.Grönroos（C.グルンルース）（2007）は、関係性を構築
して維持するコストは新規顧客を創造するための広告やキャンペーンのそれよ
りも格段に安いことを指摘しています。また、市場のニーズを的確に読み取る
ことができるといったメリットもあります。もちろん、新規顧客を呼び込むた
めの広告宣伝活動やセールス・プロモーションは必要ではありますが、適切性
や効果性とコストをバランス良く考えて「コスパ」に優れた賢明な方法を模索
して判断をすべきです。

〔チャネル戦略〕

　いくら市場や消費者から求められる良い商品を作っても、購入されなけれ
ば意味がありません。人びとの生活はさまざまです。へき地のような田舎暮ら
しでは都市部と違って日用品の買い物も一苦労あるものです。そのような地域
では少子高齢化に伴い過疎化が進み、人口が減少しライフラインの維持が難し
くなるという負のスパイラルに巻き込まれています。企業としては、収益性を
考えると、あえてそこに店舗をもち販売していくという選択はしないでしょ
う。ただ、情報社会のなかにある現代では、物流機能（ロジスティクス）も格
段に進歩しており、Amazonで今日注文した商品が早ければ当日あるいは明日
には届きます（離島などは数日かかるかもしれませんが）。

　販売に関して企業は、実店舗のみならずTVやカタログなどの通販、Web上
での「EC（Electronic Commerce：電子商取引、イーコマースとも）サイト」
といった複数の接点（チャネル）を用意することができ、消費者は状況によっ
て適したチャネルをつうじて商品を購入することができます。これは「マルチ
チャネル」と呼ばれますが、さらに進んだチャネル戦略として「オムニチャネ
ル」という方法が用いられます。オムニチャネルは、1つの商品購入のプロセ
スを複数のチャネルを利用して実行します。例えば、DIYが趣味の都会在住の
人が工具を実店舗で購入する際、お目当ての工具が重かったり大きいとクルマ
がないと持ち帰りに不便です。であれば、ECサイトで購入する術もあります
が、工具へのこだわりが強い人はやはり使い勝手も確認したいものです。その
ような問題を解決すべく案として、ある工具メーカーはアンテナショップを交

通の利便性の高い街中に展開し、そこで希望の製品を試用できるようにし、気に入れば店舗内やECサイトから注文して後日自宅に配送されるというしくみをつくりました。この方法によって顧客が抱える問題は払拭され購入に関する満足度は高められました。このアンテナショップは、顧客に自社製品の使い勝手を確かめてもらったうえで満足してもらい、販売につなげることを目的としたものですので、在庫を店舗内にストックしておく必要がありません。そのため、ホームセンターのような広い売場面積を擁する必要はないので販売コストを抑えることができます。つまり、企業にとっては広告宣伝と販売促進の意味をもつコミュニケーションの確実性を高めることができ、顧客を満足させうるコスパの高い流通チャネルを実現することができます。

③実行

　企業あるいはマーケターは、これらの４つのマーケティング戦略をアプローチの対象となる１つの事業あるいは商品のコンセプトのもとに検討し、経営資源との兼ね合いを考慮した実現可能性の高い計画に落とし込んでいくプロセスを踏んでいかなければなりません。そのプロセスの実施に関しては、次項に触れる「マーケティング・ミックス」という概念的フレームワークが実務界において長らく役立つと信じられ重宝されてきました。

　そして、上記のようなプロセスを経てある程度の実現可能性の高い明確な計画が立てられると「実行」の段階に移ります。1950年代にW.E.Deming（W.E.デミング）が品質管理や生産性の改善のために提唱した「PDCAサイクル」になぞらえて説明すると、前段階で立てた「計画（Plan）」を「実行（Do）」する段階にあたるわけですが、実際にやってみないことにはわかりませんし、実行プロセスで調整箇所も明らかになります。したがって、常に各工程で状況を「確認（Check）」しながら、修正や調整が必要とあれば代替案を検討し「改善（Action）」していかなければなりません。マーケティングの成果を高めるには、組織が一丸となってこのサイクルを円滑に回していくことが求められます。

1-4.　マーケティングの理論

（1）マーケティング・ミックス

　古来からマーケターに信奉されてきた一種の経典のような概念的フレームワークがあります。それは4つの頭文字"P"から構成されるマーケティングを成功へと誘ってくれる分析ツールなのです。というと、大げさですが、「Product（製品）」「Price（価格）」「Place（流通）」「Promotion（プロモーション）」の頭文字を取ってつくられた「4P」は、マーケティングをマネジメントするための最適解を導いてくれるといわれています。

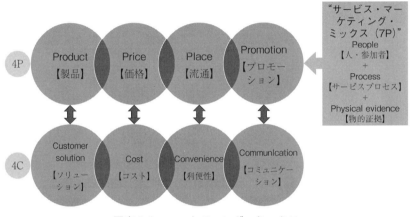

図表6-2　マーケティング・ミックス
筆者作成

　この4Pは、前項図表6-1（p.134）の「戦略的マーケティング計画」における「計画」段階の各戦略とそのまま連関しています（コミュニケーション戦略は「プロモーション」にあたります）。この4つのカテゴリーをそれぞれに、もちろんトータルのバランスにも配慮しながら、マーケティング活動を計画し実行していくプロセスを「マーケティング・ミックス」といいます。

　しかしながら、4Pによるマーケティング・ミックスは企業視点での見方になってしまいます。ここに、マーケティング・ミックスの1つ目の問題点が指摘されます。現代のマーケティングの定義にもあったように、顧客や社会に

とって価値あるものを創り提供することがその目的なので、顧客や社会がなにをどのような理由で求めているかを理解しておく必要があります。そのため、図表6-2の下部にあるように「4C」の観点を踏まえておくべきです。

　4Cは4Pと同様に4つの「C」を頭文字にもつカテゴリーの集合です。そして、それぞれが4Pの各カテゴリーに対応しています。「Customer solution（ソリューション）」は顧客が抱える問題に対する解決手段を指していますが、企業側はProductを提供してその解決のサポートをおこないます。「Cost（コスト）」はそのソリューションに支払う対価（Price）となります。「Convenience（利便性）」は、顧客がいかにその商品を購入しやすく使い勝手の良いものとするかといったPlaceの課題となります。そして、「Communication（コミュニケーション）」は、顧客の要望や市場ニーズに関する情報を得るための重要な機能となります。しかしながら、企業側がおこなうPromotionはひょっとすると一方通行の単なる広告宣伝や販促キャンペーンに陥ってしまいがちです。そのようなコミュニケーションの実施は、顧客が望まない情報まで流してしまい煩わしく思われたり、顧客とそのコミュニケーション方法で接触するように指示される接客・販売従業員も仕事に対して嫌気が差してしまいます。そのような事

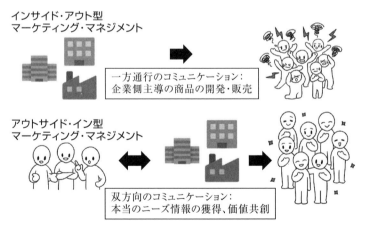

図表6-3　インサイド・アウトからアウトサイド・イン型のマーケティングへ

筆者作成

態を防ぐためにも、近年であれば、SNSを用いたり、「アンテナショップ」[iii]を用いて、実際の顧客の声（ニーズ）を聞く機会となる双方向のコミュニケーションの場となるような手段をもつ必要があるでしょう。

　4Pだけの運用だと企業主体の独善的な「インサイド・アウト」のマーケティング・マネジメントに陥ってしまいます。市場や消費者とのコミュニケーションをつうじて、顧客（市場）志向的な「アウトサイド・イン」のマーケティング・マネジメントを実行することによって、企業は真の意味で社会的責任を全うできる存在になるのではないでしょうか。

⑵　サービス・マーケティング・ミックス

　4Pのマーケティング・ミックスは、基本的には日用品などの消費財といった「モノ（Goods）」を対象として開発された概念です。そのため、サービス財を取り扱う際には、モノとサービスでは財としての特徴が異なりますので不具合が出てきます。したがって、マーケティングの考え方もサービス財に合わせて捉え直す必要が出てきますね。そこで、V.A.Zeithaml（V.A.ザイタムル）とM.J.Bitner（M.J.ビットナー）（1996）によって、さらに3つのPを加えた「7P」の「サービス・マーケティング・ミックス（図表6-2）」という概念的フレームワークが改変されて開発されました。付け加えられたPは、「People（人・参加者）」「Process（サービスプロセス）」「Physical evidence（物的証拠）」です。

　例えば、飛行機に乗って海外旅行へ行くとしましょう。事前にインターネットで航空券やホテルの予約をしておきます。それ以外の細かい移動手段は現地でなんとかしましょう。それも旅の醍醐味です。さて、出発日を迎え、空港へ行き、搭乗手続きをおこない、飛行機に乗り、機内サービスを受け、目的地の空港へ到着し、手荷物を受け取り、タクシーに乗り、まずは予約しておいたホテルに荷物を預け、トラムやバスを使って観光地を巡ったり、レストランで食事を満喫する、といったプロセスのなかには、多くのサービスが含まれます。

　この旅行の例には、スタッフや機材などの資源が含まれています。つまり、

サービス財というのはプロセスそのものであって、人や機材やシステムといった資源の組み合わせによって、そのサービス内容が変わってきます。「人」には利用者となる顧客が含まれます。というか、むしろ顧客がいないとサービスは成り立ちません。そして、サービス利用のなかで顧客が触れる航空機内やレストランの店内などの物理的環境はサービスに対する印象を左右します。直訳すると「物的証拠」となってしまいますが、サービス品質を決定する1つの証拠となる要素として提供者が使用する道具や着用している制服であったり、室内の匂いや空調なども顧客の五感に触れ快適性の認知に少なからず影響を与えるため、当然ながら顧客満足に関係します。

　昔、学生時代に医療コンサルトの先生にこのような話を聞いたことがあります。「トイレの清掃が行き届いている病院は良い病院だ」と。人によってはちょっとしたことかもしれませんが、トイレは清潔であることに越したことはありません。ましてや、医療機関は特に衛生面には気を配る必要がありますし、具合の悪い人にとっては少しでもトイレが汚れていると気になってしまい、余計に気分を悪くしてしまうかもしれませんからね。

　従来の4Pもまた、サービス財に対応して捉え直さなければなりません。Productは消費財などの物財（モノ）は有形なので、店舗内に在庫して需要の変動に対応しやすいですが、サービスは無形なので、そもそも流通という概念が当てはまらず、繁忙期には価格調整によって対応しなければなりません（お盆の時期や年末年始は航空料金は高騰しますよね）。物財の場合は、事前に店舗等で見て確かめて品質を確認しやすいですが、サービスの場合は実際に利用してみないと品質はわかりません。口コミサイトなどで評価が高くても、実際利用してみるとがっかりすることもありますよね。品質の評価は自らの価値観によってなされるものであって、人それぞれに異なって当然です。なので、企業側がサービス品質の高さを誇ってコマーシャルを打ち出していても、正直あてにならないことが多いのはそのせいです。サービスの場合、そのような広告宣伝より、実際にサービスを利用するなかで提供者側と接触する場面におけるコミュニケーションが顧客側にとって、そのサービス品質を知覚させる要因となり、利用促進に結びつくことになります。

(3) マーケティング・ミックスへの批判

　ただ、疑問を抱かざるを得ないのは、中長期の観点を要するマーケティングの諸活動がいくつかの「P」の枠組みに沿った検討だけで事足りるのか、という点です。マッカーシーらが提唱した4P概念は、最終的に4つのPに集約されたものであり、当初はいろんな学者を議論に巻き込みながら数十ものPが提案されていたようです。でも、それだと複雑すぎて実務界と学界にインパクトある概念として浸透しにくいからということで、シンプルに4つに絞られました。つまりは、マーケティングを1つの学問や研究分野として確立するために開発された理論にすぎない、という批判も関連文献にはみられます。Pを頭文字にもたない重要な要素はあったでしょうに…。社会科学である経営学（マーケティングを含む）は、組織の経営に関する事象を客観的かつ自然的に捉え科学的に分析していくべきだと思うのですが、科学に利己的な恣意性が垣間見られるのは残念なことです。

　とはいえ、4Pと7Pの各カテゴリーの検討内容の変化にもみられたように、物財とサービス財ではマーケティングの発想そのものを変えていかなければなりません。次節では、その「サービス・マーケティング」の考え方に触れ、近年のマーケティング研究のテーマや実務界の動向について紹介します。

2.　サービス・マーケティング

2-1.　新しい価値概念と発想の転換

　本章のこれまでにも使われてきた「製品」という表現は「モノ（物財）」として生産された有形財のことを指していいますが、無形財であるサービス（コト）もまた、モノと合わせて「商品」として消費者が対価を払って売買（交換）されます。モノとサービスのいずれも、顧客が求める価値を内在する市場提供物（オファリング）の一部であって、その商品を利用することで顧客が価値を創ることになります。この考え方は「利用価値（Value-in-Use）」という概念になりますが、サービス・マーケティング研究のなかで生まれてきました。従来の製品を対象とするマーケティングの考え方では、商品が購入される

とき、つまり対価との交換によってその商品の価値が生まれるとされていました。これは経済学の考え方を基礎とした「交換価値（Value-in-Exchange）」の概念です。

この交換価値概念に則したマーケティングに対しては、4Pが提唱されてきた同時代に「マーケティング近視眼」という概念を世に示したT.Levitt（T.レビット）が批判的に言及しています。彼は、マーケティングと販売は異なる機能であるとしつつ、また製品偏重主義にあるマーケティングの状況を指摘しました。「ドリルを買いにきた人が欲しいのはドリルそのものではなく『穴』である」というお話は有名です。これはつまり、ドリルはそもそもなんのためのモノか、という前提に立ち戻る必要性を説いているわけですが、マーケティングを販売のための戦略として計画し実行している販売店であれば、ドリルを売るという近視眼的発想止まりで終わるでしょう。他方、そうではなく、顧客の価値を創造するビジネス機能としてマーケティングを捉えている企業であれば、そのドリルを買いに来た人に対して、「なんのためにドリルがいるのか」と聞き、その用途にあった手段を複数提示することができます。その選択肢のなかから、最も有益なものを顧客は選び、ひょっとするとドリルではなくキリを購入してコストを抑えることができるかもしれません。ようするに、顧客が求めるものは便益であって価値創造の手段なのです。企業側はそのために提案したりお手伝いをする存在となります。あくまでも価値創造の中心は顧客である、すなわち顧客中心（顧客志向）の発想を前提にすることで、ビジネスは近視眼から解放され、より広い可能性を視ることができるようになります。

2-2. サービス・ビジネス化

現代マーケティングでは、利用価値の考え方が主流になりつつあります。つまり、有形財であれ無形財であれ、商品は「顧客が求める価値を創造する

ための 1 つの資源」にすぎず、特
に製造業ではこのような考え方を
戦略あるいは理念にまで取り入れ
た「サービス・ビジネス化」を進め
ている企業も増えてきました。例え
ば、土木・建設現場で目にする重機
などの製造メーカーとして知られる
「コマツ（株式会社 小松製作所）」はただのメーカーではありません。コマツ
は情報化社会が進むなか、建機メーカーでもいち早く「KOMTRAX（コムト
ラックス）」と呼ばれる機械稼働管理システムを開発して、現場で使用される
建設機械とコマツのオフィスとを GPS とセンサーをつうじてインターネット
でつないでさまざまなサービスを提供するサポート事業をおこなっています。
KOMTRAX を実用化した当初（1998 年）はオプションで搭載されていまし
たが、2001 年からコストはかかるものの標準搭載されるようになりました。
このシステムをつうじて、機械の稼働時間を知ることができ無駄な稼働を抑え
るよう指示ができたり、機械の状態を把握できるのでメンテナンス情報を知ら
せることもできます。コマツは、現場で働く企業に対して、より安全かつ効率
的に作業をサポートするサービス・ビジネスを展開しているのです。このよう
なビジネスモデルを「サービタイゼーション（Servitization）」と呼びます。
　ちなみに、製造業ではこのようなサービス・ビジネス化が進んでいる企業
が増えてきているのですが、皮肉にも、サービス業では逆にマニュファクチャ
リング化（製造業化）が進められ、企業内活動の効率性が重視されている状況
にあります。例えば、ファストフードの店舗ではマニュアル化が徹底され、均
質のサービスを提供できるメリットがあります。しかしながら、それはどの顧
客も同じサービスを求め、企業側が決めたシステムに従って行動することを前
提とします。顧客のニーズや価値観は本来 1 人ひとり異なるし、サービスを
提供するプロセスのなかで特別な応対を必要とする場合もあります。サービス
は顧客が主体となり、求める価値を創造していくためのプロセスであって、企
業はそのサポートをする存在であるから、プロセスの効率性のうえに柔軟性も

また必要となります。残念ながら、サービス企業が、サービス・ビジネスからどんどん遠のいているという現状が課題として指摘されているのです。

2-3. リレーションシップ・マーケティング

　コマツの事例は、顧客とのコミュニケーションの機会を創出するビジネスモデルともいえます。その目的は、重機とシステムをつうじて得られた情報をもとに顧客（現場）に対して作業や重機利用に関するより良い提案をリアルタイムでおこなうことにあります。このサービスの流れからもわかるように、サービスは基本的にそのプロセスをつうじて提供者と顧客間になんらかの相互作用が生じ、自ずと関係性が築かれていくことになります。この関係性をつうじて、企業側はサービス提供の改善点や顧客の詳細なニーズに関する情報を得ることができるので品質向上を目指すことができるとともに、継続的な収益を獲得する可能性が高まります。

　他方の顧客側にとっても、改めて他のサービス提供者を探すなどの手間を省くことができたり、なじみの相手で自分のことをよく理解してくれていますので、安心してサービスを利用し続けることができたり、品質が高いサービスが受けられたりと、いろんなメリットがあります。そのため、サービス・マーケティングでは「関係性（Relationship）」がとても重要な要素となり、サービス研究においてリレーションシップ・マーケティングが大きな柱となっています。リレーションシップ・マーケティングについて語っているある物語を紹介しましょう。

《 米商人ミン・ファの成功物語 》

　むかしむかし、中国のある村にミン・ファという若い米商人がおったそうな。ミン・ファはいつもどおりお店のなかで腰掛け、お客さんが来るのを待っておったが、なかなか商売がうまくいっていませんでした。

　ある日、いてもたってもお客さんが来ないので、ただ待っているのではダメだと気づき、自分から動いて、まずはお客さんの困っていることややって欲しいことを聞きにいこうと考え、店を飛びだしました。行動していくなかでミン・ファは他の米商人とは違ったことをお客さんに提供しなければと悟ったのです。

　ミン・ファは村中の家を一軒一軒まわり、家族の人数、お米を1日どれくらい消費するか、米びつの大きさ、を聞いて記録しました。そうして、その情報とお客さんの要望から、「無料宅配」と「定期配送」というサービスを考案して提供しました。

　このサービスから、村のお客さんとの事業システムでつながった関係性が築かれていき、やがて順調にお店は繁栄していったとさ。めでたし、めでたし。

(Grönroos, C.（2015）pp.1-3 より一部編集)

　ミン・ファさんの事例からその成功要因としていえることは、まず、事業コンセプトを顧客志向型のサービスに転換したことです。顧客情報とニーズを聞いて回り、顧客が抱える問題（お米ってスーパーで買って帰るのはかさばるし重くて大変だし、いつの間にか切らしてしまっていることありますよね）を解決するサービスシステムを開発して対応しました。そのサービスシステムは、顧客との関係性を構造的に結びつけるものだったため、持続可能な収益性を得ることができ、顧客の状況に合わせてタイムリーに変更対応できるものでした。顧客は、新しいサービスのため不安はあったかもしれませんが、信頼もおける対応や、やはり便利ということで、安心してミン・ファさんからお米を購入し続けるようになったのです。

　リレーションシップ・マーケティングにおいて、顧客との関係性を構築していくためには3つの「絆（Bond）」があります。ミン・ファさんの物語では「社会的絆」と「構造的絆」がみられます。社会的絆とは、顧客とサービス提供者がコミュニケーションのなかで雑談なども交えながら、お互いのことを知り合い、社会的関係性を築くものとなります。顧客を「不特定多数の誰か」ではなく、「個人（個客）」として扱います。そして、ミン・ファさんが開発したいまでいうところの「サブスク」的なサービスシステムは、顧客を自然とそのシステム（構造）のなかに取り込むものでした。これが構造的絆となります。

　もう1つの絆は「経済的絆」です。これは皆さんの財布やスマートフォンの なかにある「ポイントカード」がまさに経済的絆の物的証拠となります。サー ビスの利用頻度に応じてポイントが加算されていき、そのポイントは1ポイ ントあたり1円といったように金銭的に利用することができますね。「ポイ活」 されているかたはその企業や店舗と経済的絆をガッチリ結んでいるのです。

おわりに

　本章では、企業経営においてそのビジネスにおいて本質ともいえるマーケ ティングについて説明してきました。世のなかにはたくさんのマーケティン グの文献がありますので、ここで紹介してきたことはほんの1握りどころか1 掴み程度です。マーケティング研究の代表的なテーマやトピックには、例えば 以下のようなものがあります。

> マーケティング・マネジメント、マーケティング戦略、ブランド・マー ケティング、グローバル（国際）・マーケティング、マーケティング・ コミュニケーション、サービス・マーケティング、リレーションシップ （関係性）・マーケティング、インターナル・マーケティング、デジタ ル・マーケティング

　特に、R.F.Lusch（R.F.ラッシュ）とS.L.Vargo（S.L.バーゴ）（2004）によっ て提唱された「S-D（サービス・ドミナント）ロジック」を皮切りに、マーケ ティングの考え方はガラッと変わってきました。従来のマーケティングが台頭 していた時代、先進諸国の産業は製造業中心に回り、市場や経済はモノ製品の 「大量生産・大量消費」によって拡大しました。そのため、北米のマーケティ ング研究者はモノ製品を中心とする思想をもち、学界だけでなく実務界でもイ ニシアチブをとり大きな影響力をもっていました。しかしながら、現在では、 1970年代から体系的にサービス・マーケティング（あるいはサービス・マネ

ジメント）の研究を進めてきた北欧の研究者によって開発されてきた理論が注目をあび、日本でもその傾向がみられるようになってきました。

　情報社会の現代では、誰もがスマートフォンをもちコミュニケーションの多様化も進んでおり、未だみぬイノベーションの可能性がきっとたくさん潜んでいると思います。そのイノベーションはマーケティングの新しい発想や手法を生み出すことになるでしょう。そのような変化を楽しみながら、皆さんもビジネスを楽しく考察してみてください。

【コラム】 サービス・マーケティング研究は北欧発？

　経営学やマーケティングの研究はやはり世界一の経済大国アメリカ発だと思い込んでいる人も多くいると思います。すべての文献を目を通しているわけではありませんが、たしかに経営学やマーケティングの有名な研究者は、P.F.ドラッカーやP.コトラーやT.レビット、C.I.バーナードやH.A.サイモン…、名前をあげると枚挙にいとまがありません。でも、サービス・マーケティングについては、フィンランドやスウェーデン出身の北欧学派がアメリカ（北米学派）のマーケティング学者よりも早期に独自のロジックで体系的に研究を進めてきました。なぜ、北欧だったか？　それは、G.L.ショスタックという若手研究者（1977年当時）が発表した論文がきっかけとなりました。内容をかいつまんで説明すると、「マーケティング・ミックスはサービス企業では調査の結果、十分な役には立たない」といったものでした。その内容に対して、当時からマーケティング界で大きな力をもっていたコトラーが「その企業が失敗した原因は、単にその企業がマーケティングの方法を誤ったからだ」と反論したのです。そのようなやりとりから、違和感をおぼえたフィンランド人のC.グルンルースとスウェーデン人のE.グメソンが、「サービスに適合したマーケティングのロジックを考えるべきではないか」と考え、北欧学派を設立し、現在もHanken経済大学のCERSという研究機関を拠点にサービス・マーケティングの先進的な研究がなされています。

（執筆者：蒲生）

《 推薦図書 》

➤ ヤン・カールソン［著］，堤猶二［訳］（1990）『真実の瞬間 SAS のサービス戦略はなぜ成功したか』ダイヤモンド社

➤ ロバート・F・ラッシュ，スティーブン・L・バーゴ［著］，井上崇通［監訳］，庄司真人・田口尚史［訳］（2016）『サービス・ドミナント・ロジックの発想と応用』同文舘出版

➤ 村松潤一・大藪亮［編著］（2021）『北欧学派のマーケティング研究 市場を超えたサービス関係によるアプローチ』白桃書房

注

i 2017 年に承認されたもの。AMA の HP 参照。

ii 『日経スペシャル ガイアの夜明け［ニッポン式 世界に挑む］』2005 年放送。

iii 自社製品のテストマーケティングをおこなったり、窓口となってユーザーの意見を聞いたりサポートをおこなう。菓子や食品メーカーが新製品開発のヒントを得るため、顧客が自ら製品を試作・カスタマイズできる体験を提供したり、意見を聞くことができるアンテナショップを展開している。

第7章

消費者行動と SDGs

はじめに

　人気カフェのランチを食べにきました。店内はお洒落な空間で、窓から見える木々が心を落ち着かせてくれます。あたなが注文したのは、特製ハンバーグとチキングリルのライス・サラダ・スープ付 1,280 円です。さあ、楽しみにしていた料理がテーブルに置かれました。ハンバーグからいただきましょう。ナイフで 1 口サイズにカットして…。あれ？　ハンバーグの底が焦げて堅くなっています。せっかくのランチタイムが、一瞬で悲劇となりました。

　このようなとき、あなたならどのような行動をとりますか。お昼時でスタッフも厨房も忙しそうだし、声を掛けるのは申し訳ない。残すのはもったいないから我慢して食べよう。会計時にひとこと伝えれば、次から注意してくれるだろう。いや、一部でも食べられない商品を提供されて、正規の代金を払うのは正当ではない。食べた量だけ支払うことはできないし、キャンセルしようか。いやいや、そもそもこういう商品なのかもしれない、この焦げ具合が商品のウリなのか。でも堅くてとても食べられない。いろいろと考え悩んだあなたは、やっぱり代金を払う限り気持ちよく食べたい。よし！　確認して取り替えてもらおう。「すみませ〜ん。このハンバーグの底が…」と伝えました。…あなたは、代金を支払い大満足で店から出てきました。結局、スタッフは客であるあなたに詫び、焦げていないハンバーグと交換してくれました。

　私たちは、毎日なにかを「使ったり」「食べたり」「観たり」「聴いたり」しています。これらの行動の多くは「契約」によって成り立っています。契約とは、法的な約束事です。売る側（事業者）と買う側（顧客）の間でやりとりさ

れ、相互の意思表示が合致すれば契約が成立します。契約書のような書類を作成しなくても、口約束だけでも契約は成立します。したがって、どのような契約内容なのか、契約前には商品やサービス（役務）について、情報収集し、冷静に検討します。契約した後で困ることはないか、本当に必要なものかどうか、契約した商品が提供されなかったらどうするかなど、よく考えて契約することが大事です。商品を使っていない、食べていないからと安易に返品できるわけではありません。ただし、消費者が事業者と契約を交わすとき、両者には情報の質や量、交渉力に格差があります。こうした状況でも、消費者1人ひとりがより豊かな生活を実現しようと日々消費を繰り返しています。情報収集・処理、検討、購入、使用、評価という消費者行動をとり、このプロセスのなかで、適切な意思決定（decision-making）[i]をおこないます。

　時代とともに変化している消費者の立場は、賢い消費者から自立した消費者へ変わり、現代では、世界各国に住む人びとにも配慮し、共生社会実現のために欠かせない地球環境へも配慮できる消費者市民の行動が求められます。冒頭の事例を置き換えてみましょう。契約した内容の料理が出されなかったことで、あなたは適正な商品・サービスを提供するよう訴え（権利の行使）、改善を求めました。この行動により、同じような目に遭ったかもしれない消費者の再発防止につながりました。これは、他者に与える影響を自覚した消費者としての責任行動です。

　本章では、「個人としての消費者」であると同時に、「社会的な責任と権利をもった消費者市民」の観点から、SDGs（持続可能な開発目標）に触れながら、公正かつ持続可能な社会を目指し、実現のための消費者行動について考えていきます。

1. 変化する消費者

　私たちは皆、誰もが消費者です。すべての人間は生存している限り「消費者」であり、私たちは、生活するために日々消費を繰り返しながら生きています。すなわち、「消費者」とは、商品を購入したりサービスを利用したりといっ

た「消費」活動をする人のことであり、すべての人は消費者[ii]です。

　もう少し丁寧に説明してみましょう。自給自足の経済下では、生産と消費は一体でした。一般的な解釈として「生産（production）」とは、人が生活を営むために、有用な財・サービスを作り出すことです。対義語の「消費（consumption）」とは、カネ・モノ・労力などを使って、財やサービスを消耗すること、経済学では人間の欲の直接・間接の充足のために、財・サービスを消耗する消費活動です（広辞苑）。

　経済が発達するにつれ「市場」が形成され、流通機能や情報伝達機能が分かれました。つまり、「生産」と「消費」の２つが分離したことで、この２つをつなぐ「流通」が発生したのです（図表7-1）。

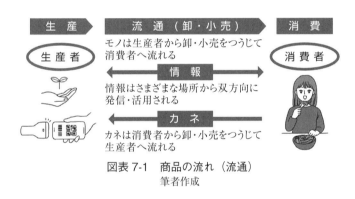

図表 7-1　商品の流れ（流通）
筆者作成

　技術が革新し、大量生産システムやマーケティングの高度化が進展するとともに、情報化、国際化、少子高齢化など複雑・多様な経済社会の構造的変化が推進しました。しかし、消費者と生産者（事業者）の間の情報の質量および交渉力の格差が拡大していきました。そのため生産者の顔がみえない、市場に並ぶまでの流通過程が分からない状態でも消費するしかない状況を創り出しました。これにより、消費者は合理的な意思決定をすることが困難となり、さまざまな不利益を被るようになったのです。

　このように生産と消費の間には、生産者が提供する商品・サービスを消費者が手に入れる場合、そこには申込みと承諾という"意思の合致"により成立

する「契約」行為（図表7-2）が生まれます。

　繰り返しになりますが、消費することは「契約」です。契約は、2人以上の当事者が合意することにより、法的な権利義務関係が発生する行為です。すなわち、法的に保護される約束のことです。申し込みの意思表示とそれに対応する承諾の意思決表示が合致することにより成立します。

　消費は、私たちの生活の基盤です。いわゆる消費者として、さまざまなモノを買うために契約し、手に入れるために行動をとっています。これを「消費者行動」（図表7-3）といいます。

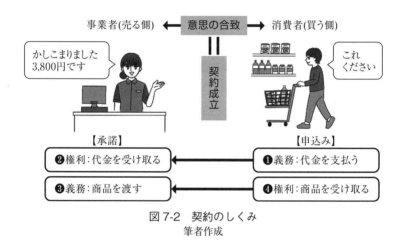

図7-2　契約のしくみ
筆者作成

　個人の1日の生活を考えた場合、衣・食・住・情報は欠かせません。毎日着ている衣類、食事、生活に必要な日用品類など、家族が集まり生活をともにする住居、地域の中でのくらし、世界の社会情勢、日々の出来事、さまざまな分野のニュースがテレビやネットから溢れています。これらは個人の消費生活を中心に考えればよいかもしれません。しかし、私たちは消費者であると同時に、地域や社会の中に生きる市民であることを忘れてはなりません。それはいったいどういうことなのでしょうか。本節では、個人をさまざまな角度から捉えた消費者の立場について、歴史を振り返りながらみていきます。

図表 7-3　消費者行動を身近な例で考える

購買前活動	問題（欲求）認識 ⇩ 情報探索 ⇩	せっかくの休日、久しぶりにカフェでランチしたい。海を見ながら、ゆっくりできるお店がいいな。
		瀬戸内海が一望できるお店、淡路島まで足を延ばしてもいいな。魚介が楽しめる洋食がいいかな。どこか良い店ないか。そういえば、以前友達が良い店を見つけたと言ってたな。聞いてみようか。ネットでも調べよう。
購買活動	購買前・評価 ⇩ 購買・決定 ⇩	聞いたり、調べたりして、数店候補があり迷うな。A店はメニュー豊富でどれもおいしそうだけど、少し遠い。B店は料理の口コミ評価がイマイチだけど全席オーシャンビューで気持ちよさそう。
		明日は仕事で、遠方への運転だと疲れるから、今日はB店にしよう。料理が不安だけど、景色を楽しむつもりで行ってみよう。
購買後活動	消費（契約・利用） ⇩ 購買後・評価 ⇩	情報通りオーシャンビューの席に案内された。シェフおすすめメニューの「魚介たっぷりグラタンセット」を注文した。天気もよく、絶景を楽しみながら、ゆっくりランチを楽しむことができた。
		食事やスタッフ対応は満足できたが、予約をしていなかったため、入店まで時間を要した。料理の評価がイマイチという口コミ情報を信じて、客は少なく待ち時間はないと思い込んでいたため、繁忙時間に到着してしまった。
	廃棄・リユース・リサイクル	料理は無形商品だが、有形商品の場合、例えば携帯電話は、携帯ショップや認定回収業者へ持ち込んだり、中古ショップで売るなどの方法がある。

筆者作成

1-1.　企業不祥事と消費者問題の変遷

　組織による不祥事はいつの時代でも発生します。そのたびに、組織に問われる社会的責任論が議論になります。各業界において社会的責任（Social Responsibility：SR）は、企業不祥事等を契機に 1990 年ころから顕著となりました。相次いだ不祥事（図表 7-4）を契機に注目が集まったことからも、消費者による企業評価の意識は一層高まりました。つまり、消費者は、商品の安全性、地球環境の配慮、企業倫理といった点も含めて企業等への評価、選別を

図表 7-4　わが国の主な企業不祥事

年	主な企業不祥事
1988	リクルート事件
1990	イトマン事件
1992	東京佐川急便事件，イトーヨーカ堂総会屋事件
1993	ゼネコン汚職，キリンビール総会屋事件
1995	薬害エイズ事件
1997	山一証券・北海道拓殖銀行経営破綻
1999	JCO 東海事業所臨界事故発生
2000	雪印乳業（集団食中毒），ダスキン（無認可添加物入り肉まん）
2003	日本テレビ（視聴率の不正操作発覚），三菱自動車（連続リコール隠し）
2004	ヤフー BB（個人情報流出），西武鉄道（有価証券虚偽記載）
2005 2006	カネボウ粉飾決算，耐震強度偽装発覚，パロマ工業・リンナイ（湯沸かし器 CO 中毒）
2007	ライブドア（証券取引法違反で社長逮捕），アイフル（違法取り立てで金融庁業務停止命令発動），村上ファンド事件 不二家（消費期限切れの牛乳使用発覚で営業停止），船場吉兆（食品偽装），ミートホープ（牛ミンチに豚肉等を混入偽装発覚），石屋製菓（白い恋人賞味期限改ざん），赤福（消費期限・製造日改ざん）
2008	グッドウィル違法日雇い派遣繰り返す
2009	日本漢字検定協会の理事長経営の民間企業に協会からの巨額賃金料・業務委託費発覚
2011	オリンパス粉飾，焼肉酒家えびす（生肉を食べた客が O157 食中毒で死亡）
2013	カネボウ（美白化粧品で肌がまばらに白くなる），秋田書店読者プレゼント景品表示法違反，ヤマト運輸冷凍冷蔵宅急便の温度怠慢管理
2014	チケットぴあ（代金二重請求），関西電力発注の送電線工事で談合，ベネッセコーポレーション（顧客個人情報流出）
2015	東洋ゴム（データ改ざん），タカタ（エアバッグ欠陥問題），旭化成建材（杭打ちデータ改ざん），東芝（不適切会計問題）
2016	みのりフーズ（廃棄冷凍カツ横流し販売），軽井沢バス（転落事故，旅行業法違反）
2017	三菱電機（研究職が長時間違法労働で労災認定），スバル（連続不祥事），神戸製鋼所・三菱マテリアル・東レ子会社（品質データ改ざん），てるみくらぶ（銀行から融資を詐取）
2018	日産自動車（役員報酬補正），スズキ・マツダ（排ガスデータ改ざん）
2019	京王観光（JR から貸与のシステム端末悪用した団体旅行旅客運賃詐取），レオパレス（施工不良アパート 1 万 4,599 棟公表）
2020	ドコモ口座不正引き出し
2021	LINE（中国委託先企業への個人情報管理問題），総務省（東北新社・NTT から接待）

出所：渡部（2019）より作成

しなければならない、という意識へと変化したのです。

　わが国の消費者問題の歴史は、図表 7-5 のような流れがあります。

　1950 年代から 60 年代の高度経済成長を経て、人びとは多種多様な商品等を手に入れることが可能となりました。物質的に豊かな生活を享受できるようになったわけです。大量生産・大量販売・大量消費が広がる一方で、大規模工場で生産された自動車や食品等に欠陥商品が生じると、同種の被害が広範囲にわたり多発しました。被害の程度によって、消費者の生命に関わる深刻な問題に発展しています。

　1980 年代には、社会経済の情報化、サービス化、国際化に伴い、消費生活の質的変化が進展し、消費者問題の多様化・複雑化が指摘されるようになりました。クレジットカードの普及は、サラ金業者による過剰貸与や高金利、過酷な取り立てによる「サラ金被害」が社会問題化するなど、多重債務問題へと拡大しました。1985 年に社会問題化した「豊田商事事件」をはじめ、資産形成に関する問題、販売方法に問題のある事業者が引き起こしたトラブルが多発しました。

　1990 年代以降は、社会経済の情報化や高齢化、国際化の急速な進展により、消費者問題も、それまでの行政による規制や指導等では解決できない問題が発生するようになったのです。2005 年から 2008 年ころになると、食の安全を脅かす事件や深刻な製品事故等が多発しました。

　少子・高齢化、人口減少は今後も進行していきます。このような人口構造の変化に伴い、消費生活も変化していくことが考えられます。特に、高齢者による消費活動の拡大や高齢者向けの商品・サービスの充実に寄与する一方で、単身高齢者や認知症等で判断力が低下した高齢者を狙った悪質商法の増加など、高齢者の消費者トラブルは増えています。

　また、2022 年 4 月 1 日には民法の定める成年年齢を 18 歳に引き下げること等を内容とする「民法の一部を改正する法律」が施行されました。これにより、18 歳・19 歳でも、親の同意を得なくともさまざまな契約を 1 人ですることができるようになりました。例えば、携帯電話の購入、アパートの賃貸、クレジットカード作成、ローンを組んで自動車を購入する等です。つまり、「未

図表 7-5　消費者問題の歴史（消費者庁設置以前）

年代	特徴	主な消費者問題
1950〜60年代 高度経済成長期	大量生産・大量販売・大量消費の広がりに伴い、消費者問題が本格的に出現	・不良商品 ・欠陥商品による大規模・深刻な消費者危害の発生（ヒ素ミルク中毒事件、サリドマイド事件、カネミ油症事件など） ・不当表示事件（ニセ牛缶事件）など
1970年代 高度経済成長の終焉	消費者問題の様相が変化	・石油ショックによる物価高騰、物不足パニック ・新たな消費者問題（二重価格問題、ねずみ講、マルチ・マルチまがい商法、サラ金問題、催眠商法など） ・商品の品質・性能、安全性に関するものから、販売方法や契約等に関するものに比重がシフトなど
1980年代 経済安定成長からバブル経済へ	社会経済の情報化、サービス化、国際化に伴い、消費者問題の多様化・複雑化	・資産形成取引に伴う問題が急増（豊田商事事件など） ・クレジットカードの普及、サラ金被害を背景とした多重債務など
1990年代 バブル経済の崩壊から経済低迷へ	情報化、高齢化、国際化の急進展を背景に、消費者問題は新局面へ	・クレジットカード破産を中心とする個人破産の急増 ・マルチ・マルチまがい商法による被害の増加 ・高齢者等を狙った悪質商法の増加 ・情報化社会を反映したトラブルの急増
2000〜2009年頃 低成長の長期化	消費者と事業者との情報の質・量および交渉力の格差拡大、インターネットの普及等に伴い、新たな問題が次々に発生	・企業不祥事の多発（食品偽装表示、リコール隠し、耐震偽装問題の顕在化など） ・インターネットの普及に伴う新たな問題（架空請求、迷惑メール、電子商取引に伴うトラブルなど） ・高齢者を狙った悪質商法・詐欺的事案の増加（訪問販売の住宅リフォームトラブル、詐欺的な投資勧誘等） ・食の安全を脅かす事件（中国冷凍ギョウザ問題、こんにゃく入りゼリー窒息事故等） ・深刻な製品事故の頻発（エレベーター等による事故、ガス瞬間湯器一酸化炭素中毒事故の顕在化など）

出所：消費者庁「消費者問題の歴史 2. 消費者問題年表」より筆者作成

成年者取消権（未成年者が親の同意を得ずに契約をした場合、原則として、契約を取り消すことができる）」を行使することができなくなるため、悪徳商法などによる消費者被害[iii]の拡大が懸念されています。

1-2. 消費者の社会的責任

　商品・サービス内容により差はあるかもしれませんが、生産者と消費者間には情報の非対称性があります。情報の非対称性[iv]が伴うことで、商品・サービスを購入した後、結果として、希望していたモノではない、あるいは納得できる消費者行動につながらない場合もあります。こうした状況を表す 1 つの事象が「消費者トラブル」です。

　例えば、粗悪な宣伝を偽りとわからずに、消費者が欠陥商品を購入してしまう、ネットショッピングで安く購入したブランド品が模倣品であったなどです。このような消費者問題は、時代により流行や特徴が異なるものの、後を絶ちません。倫理を逸脱した悪質な企業等を市場から淘汰させるためには、消費者がこうした企業等の商品・サービスを消費しないことが 1 番です。消費者 1 人ひとりが、国民生活センターや各都道府県に設置される消費生活センターなど行政機関から発信される、消費者への注意喚起情報を消費者行動の過程に取り入れることは、消費者自身の責任になる行動といえます。消費者問題に巻き込まれない賢い消費者を目指すことは、消費者にとって不可欠な能力の 1 つです。

　M.Friedman（M.フリードマン）は、社会的責任を果たしていない企業の商品を買うことを避ける「ボイコット（boycott）」とは逆の、社会的責任を積極的に果たしている企業の商品を、消費者も積極的に購入する「バイコット（buycott）」を提示しています（Friedman, M.（1996））。しかし、各消費者や各家庭のさまざまな理由や事情等によっては、欲しいときに購入したり、少しでも便利なもの、少しでも安い商品を買いたいと願います。これは消費者にとって選択の自由かもしれません。ただ、一方で労働者の長期間労働や賃金の低下を招いているのも事実です。宅配便の無料再配達や年中無休の小売店など、過剰なサービスを当たり前に利用している消費者も、働く人に過剰労働を

強いる当事者といえるのではないでしょうか（作田（2016））。

　また、消費者にとって24時間営業の外食産業や小売店、コンビニエンスストアは便利でしょうか。昔は24時間営業の店舗はありませんでした。例えば、コンビニは1975年以降から長時間の営業は売上アップにつながるというデータを基に開始されたそうです。24時間365日、いつでも食料や日用品が手に入る状況を作り出しました。その反面、従業員の健康状況悪化や店舗経営の維持増大、悪質な事件の発生および従業員の危険性が高まり、深夜に働く人手不足などの人への影響、CO_2排出やゴミ排出、廃棄物リサイクルなどの環境問題への影響も大きな課題です。省エネ型店舗への移行と営業時間の調整などのCO_2排出削減効果から、CO_2排出量は減少することは可能です（侯ら（2010））。消費者満足の追求や企業存続を重視するのではなく、消費者と同じ従業員の存在と消費者・従業員すべてが住む地球環境を大切することを優先した企業の店舗選びも責任です。

　こうした消費者1人ひとりが、企業情報を消費者自身で適正に判断できる意思決定力を身につけることが、「消費者の社会的責任（Consumer Social Responsibility）」として重要となります。先述したように、消費者に対する企業の社会的責任（Corporate Social Responsibility：CSR）があるように、消費者も社会的責任が問われる時代です。しかし、個人単位の社会的責任だけではなく、後述する「持続可能な開発目標（Sustainable Development Goals：SDGs）」の一環としてのサステナブル消費もまた、消費者の社会的責任行動として重要な観点です。

　世界中で環境保全の持続的活動の提唱は、単に企業や団体がおこなう活動や計画のみではありません。消費者自身が地球環境に配慮した消費者行動をとれることも重要です。環境や貧困などに関心を持ち、自分や隣人だけではなく、知らない誰かのために消費をする意識も兼ね備えることも、消費者の社会的責任に包含されます。

　次節では、消費者の社会的責任を果たす「消費者市民」について詳しくみていきます。

2.　消費者市民社会を形成する消費者行動

　消費者が求める商品やサービスは、提供者である企業等が製品を生産し流通することで、消費者の手に届けられます。この過程で消費者にとって重要なことは、購買行動としての意思決定です。しかし、消費者が意思決定するには、生産者側から提示されたさまざまな情報に依存するより他ありません。例えば、毎日消費する食料品で考えてみましょう。手に取った野菜や生肉、鮮魚、乾物などは、なにを情報源にして選んでいますか。商品・サービスには、必ず表示があります。食品表示ならば、名称や原材料名、内容量、賞味期限または賞味期限、保存方法、製造者等の名称および住所です。消費者であるあなたは、表示などから得られる情報を見て、買うかどうかの意思決定行動をとるでしょう。あるいは、その表示（情報）そのものを確かなものではないと思い購入しない場合もあるでしょう。また、半信半疑に思いながらも、表示されているのだから偽造ではないと信じて購入するかもしれません。いずれにしても、商品選択のためには、消費者自身の意思決定という消費者行動をとっているはずです。

　生産（商品提供側）と消費（商品受給側）には、市場原理の機能が働いています。しかし、消費者にとって情報の非対称性が発生し、強い立場（生産者）と弱い立場（消費者）という 2 つの立場に分かれてしまいます。この両者の間には、見えない壁が生じており、消費者にとって不利益に働く場合があります。なぜなら、企業は直接消費者に向けたマーケティングリサーチをおこない、その分析から次々と戦略を展開し構築することで、企業有利の販売や価格になることがあるからです。

　一方、消費者は、市場に発信される情報を入手し、購入するかどうかの決断（意思決定）という消費者行動をとります。たとえ、判断しがたい状況であっても、生活上必要不可欠なものや、自分の欲求を満たしたいものがあれば、その目的が達成できる商品やサービスを手に入れようと考えます。こうした判断に迷う状況下でも、消費者は日々消費を繰り返す消費者行動をとらざる

を得ません。

　以下では、一昔前の買い物上手な消費者ではなく、自分のことだけではない地域の人びとのことや、これから生まれてくる子供たちのこと、さらに地球規模で社会や地球環境のことを考えて、より良い社会を形成する消費者について考えてみます。

2-1.　企業を変える消費者市民

　1992年にブラジルのリオ・デ・ジャネイロで開催された国連環境開発会議（地球サミット）で採択された「アジェンダ21」の第4章「消費形態の変更」が提起されました。2012年には「持続可能な消費と生産に関する10年計画枠組み」が採択されました。先進国における「消費者市民ネットワーク（Consumer Citizenship Network：CCN）」が推進する「持続可能な消費」は「将来世代のニーズを危険にさらさないよう、事前資源、有害物質および廃棄物、汚染物質の排出を最小限に抑えつつ、基本的ニーズに対応し、より良い生活の質をもたらす財及びサービスの使用」と定義されています。

　持続可能な消費と生産の実現に向けた消費者市民社会とは、消費者1人ひとりが、将来世代の社会情報や地域環境にまで思いを馳せて生活し、自らの消費者行動を通して社会の改善と発展に積極的に参画する社会のことです。また、CCNは、「消費者市民」の定義を「倫理、社会、経済、環境面を考慮して選択をおこなう個人である。消費者市民は家族、国家、地球規模で思いやりと責任を持って、行動を通じて、公正で持続可能な発展の維持に貢献する（The Consumer Citizenship Network（2005））」と述べています。

　つまり、個人である消費者は、自らが主役となり、将来の状況を考慮したエシカル（倫理的）な消費をおこなう。すなわち、「消費者それぞれが各自にとっての社会的課題の解決を考慮したり、そうした課題に取り組む事業者を応援しながら消費活動をおこなうこと」（消費者庁HP）が、社会の発展と維持に積極的に参画する役割を果たすことになります。例えば、消費者は、公正な取引のために努力する事業者のモノやサービスを選択し、代金を支払うことは、努力する事業者を支持していることになります。消費者の生活や地域、社会、

地球環境に配慮した尽力する企業が増えることは、その商品を購入した消費者だけではなく、社会全体が安全・安心にくらせる社会を構築することにつながります。

　どのような行動を起こす人が消費者市民なのでしょうか。例えば、必要なものを必要な量だけ買うことやゴミを減らす努力をするなどの「環境に配慮したライフスタイルを実践する」、フェアトレード商品を選ぶことや使い捨てではなく長く使える商品を選ぶなどの「環境・人・社会にやさしい商品を購入する」、応援したい団体や活動に対して直接経済的な支援をおこなうなどの「寄付や社会的に意味のある投資をする」、高齢者の見守り活動をおこなうことや消費者被害を防止するための啓発活動に参加するなどの「地域活動に参画する」、商品やサービスに問題があったら、企業のお客様相談や消費生活センターに相談するなどの「相談する、意見を伝える」などの行動がとれる消費者です。

　これについて視点を変えてみてみましょう。例えば、上述したような消費者市民の消費行動をとりたいと考えている消費者は、それが叶う（購入できる）商品・サービスを生産し、提供努力をしている企業を知ることが重要です。このような認知は、消費者市民として適正な消費者行動に近づける一手段となるのではないでしょうか。

2-2.　身近な買い物から意識する消費者市民の行動

　消費者市民社会を構築するために私たち消費者ができる行動には、商品等が適正に提供されているか、その安全性を確認する行動、安心・安全な生活を送るために契約について正しく理解する。また、消費者被害等から他者を守れる行動、適正な商品・サービス選択に必要となる情報を関連機関などから収集し知識を得る行動などがあります（図表 7-6）。

①消費者市民行動の具体例〜Ｔシャツ購入〜

　日々の買い物は、私たちに最も身近な行動であり、社会に影響を与える消費者行動です。買い物は、その商品・サービスの対価として現金を払います。

図表 7-6　消費者市民社会における具体的行動

商品等の安全	・商品のラベル・説明書をよく読み正しく使用する ・周囲の人が誤った使い方をしていれば注意喚起する ・安全性に疑問がある場合は事業者に問い合わせ確認する ・トラブルが発生した場合は、事業者に情報提供し、原因を確認するとともに、再発防止を要請する
生活の管理と契約	・環境配慮型の商品やフェアトレード商品[v]やサービスを選択し、消費者の社会的影響力について自覚する ・消費者のための制度（クーリング・オフ、未成年取消権等）について理解する ・高齢者の見守り活動に参加し、制度について情報提供する ・障がいのある人の消費者被害の未然防止や早期発見のために、見守り活動に参加し、情報提供する
情報とメディア	・商品情報（パンフレット、広告等）、市町村や消費生活センターなどの発信する消費者情報、被害情報等を収集するように努める ・収集した情報はソーシャルメディアなどを活用して発信・共有する ・消費が環境、社会経済に与える影響に関する情報に関心をもつ ・情報収集・検討・発信を主体的に行動に移す

出所：消費者庁「消費者市民社会を目指す消費者教育、消費者市民社会における
　　　具体的な行動例」より筆者作成

　Tシャツが欲しいと思えば、販売されている無数のTシャツのなかから１枚を選択し購入します。これは、あなたが選んだTシャツを販売しているAブランド（○△社）に１票を投じたことになります。すなわち、その企業を応援することにつながります。Aブランドの商品あるいは、○△社が販売する商品が、より良い商品・サービスを提供し続けるならば、より多くの消費者が、あなたと同じように、Aブランド（○○社）の商品を好み購入するでしょう。

　そのTシャツは単に、あなたの好みであったことが購入理由かもしれませんが、実は○△社の商品特徴は、オーガニックコットンを使用している点であったかもしれません。オーガニックコットンとは、オーガニック農法で栽培された棉からとれた繊維のことや、それを使った製品のことです[vi]（日本オー

ガニックコットン協会）。水質や土壌汚染を防ぐことができ、地球の温暖化の
リスクも減少できるといわれています。つまり、このTシャツを購入したこと
で、間接的に環境にやさしい商品選択をしたことになり、社会貢献行動につな
がります。

②消費者市民行動の具体例〜ズボン購入〜

　環境にやさしい商品を購入するだけが消費者市民というわけではありませ
ん。図表7-7は、インターネットショッピングのセールでズボンを購入した事
例です。注文と異なる商品が届いた場合、あなたはどうしますか。ここでは、
意識・判断・行動について、消費者市民でない場合と消費者市民の場合の両方
を解説しています。

　このように消費者市民は、消費者による消費の力が、どのような影響を及
ぼし、どのように影響しているのかを自覚することが重要です。すなわち、1
人の消費者による行動ではなにも変わらないというのではなく、地道な1人
の消費者の意識と行動が、私たちが住む地域や社会、地球環境を守り、貢献し
ている消費者市民ということがいえます。

　消費者トラブルをいち早く食い止めるためには、他者が同じようなトラブ
ルに遭うことがないよう、消費者市民を自覚した行動を訴えかけることが大切
です。消費者の立場で声を上げ、訴える行動は私たちの「権利」なのです。

　次項では、消費者の権利および責任の起源に触れながら、「権利と責任」と
はなにかについて説明します。

2-3.　消費者の権利行動と責任行動

　消費者の権利の黎明期を述べる前に、大規模工場により、多くの機械を使
用し商品を大量生産できるようになった産業革命について触れておきます。

　16世紀以降のヨーロッパ社会は、消費単位の個人化や、生産の場と消費の
場の分離という特徴をもっています。特に、1964年イギリスでは「ジェニー
紡績機」が発明され生産性が飛躍的に向上し、蒸気機関の改良等で貿易も盛ん
になりました。また、農業技術も発展したことで、穀物を大量生産できるよう

インターネットショッピングのセールで
ズボンを購入したが違う色の商品が届いた

消費者市民でない意識・判断・行動	消費者市民の意識・判断・行動
・届いた色は好きじゃない ・でも履けないわけではないから我慢しようかな。あまり履かないかもしれないけど… ・無駄になるけど、セール品で安かったから、まあいいやや ・店に連絡するのも面倒だし ・商品を送り返す手間も面倒だし	・店のミスで消費者が我慢する必要はないよね ・希望した商品と違うのだから、このままでは納得できない、諦める必要もない ・店に問い合せ、適正に対応してもらって当然だよね ・店に連絡するのは面倒だけど、間違ったことを伝えないと改善されない ・最初に希望したズボンが欲しい！

この意識・判断・行動が、 なぜ消費者市民ではないのか？	この意識・判断・行動が、 なぜ消費者市民なのか？
【悪質業者だった？】 　取引した事業者が悪質業者であった場合、あなたは騙されたことになります。もしも、連絡せずに諦めていたら、悪質業者であることもわかりませんでした。そうなると、同じような被害者が出て、被害が拡大する可能性があります。 **【事業者のミスが減らない】** 　故意の間違いでなくても、事業者はなぜ注文の品と違う商品を発送することになったのか、というミスによる原因究明ができません。改善が図られなければ、迷惑を被る消費者は減りません。	**【最小限の被害に留める責任】** 　泣き寝入りせずに、事業者へ連絡をしていれば、消費者被害に遭ったことが判明したかもしれません。騙されたかもと思えば、警察や消費生活相談窓口に連絡をしたでしょう。連絡すると、他の消費者へ注意喚起が行われたり、悪質業者が捜査され被害拡大を抑えることにつながります。 **【再発を防止する責任】** 　事業者側の間違った対応を伝えることで、消費者トラブルが減り、同じ被害に遭う消費者を減少させる責任があります。 　公正な取引を行うことで、悪質な事業者が淘汰され、質のよい、安全な商品・サービスを提供する事業者を増やす責任が消費者にはあります。

図表 7-7　消費者市民とそうでない人の「意識・判断・行動」比較
筆者作成

なります。しかし、地主は土地を貸していた農民を追い出し、穀物生産を推進していったのです。土地を失った農民は、都市に移住し、工場労働者となっていきました。こうして 18 ～ 19 世紀のヨーロッパ主導の第 1 次産業革命、すなわち農業中心社会は工業中心社会へと変貌を遂げ、標準化・規格化が推進され大量生産時代が到来します。道路を含めた交通機関はさらに発達し、人と物資の移動が一層容易となり、職と住が分離しました。この生産者中心の消費市場をリードする「生産社会」が生み出した生産力は、消費社会へ大きく影響を

及ぼしました。

　しかし、労働者階級は、依然として失業と賃金値下げの脅威にさらされ、これに対抗する闘争が展開されていきます（中川（2002））。例えば、1844 年のイギリス北西部に位置するランカシャー地方において、約 30 人の織物工がロッチデール先駆者協同組合（消費者協同組合）を設立しました。

　また、アメリカでは 19 世紀からはじまった消費者運動が広がり、その歴史を深めてきました。例えば、主婦による消費者運動として、19 世紀末にうがい薬の価格や効能に疑いを抱いた主婦たちのボイコット運動が起こりました。1970 年には、食肉の値上がりに反対し、各地でプラカード（「肉の値下げがおこなわれるまでは魚を食べることにしょう」などと書いていた）を持ち、デモをしていたという記録があります。このように立ち上がった主婦たちの運動は強力でした（巻（1971））。

　こうして始まった消費者運動を飛躍的に前進させた、「コンシューマリズム（消費者主義）」の直接的な引き金となった事象があります。それが、1960 年代の告発型消費者運動です。先導者の R. ナダーは、生産者に対して消費者の権利意識を高めていく運動や社会全体に消費者の権利を主張することを当然の考え方として認識させる運動を展開しました。自動車の安全性や大気汚染、農薬など多くの問題に取り組みました。特に、ゼネラル・モーターズ GM 社との裁判は、「生きる」者の立場による権利意識を高めたといえます（田村・水谷（2009））。

　このような歴史を鑑み、1962 年、J.F. ケネディ大統領（当時）は選挙公約となる「消費者利益に関する特別教書」のなかで 4 つの消費者の権利を宣言しました。すなわち、「安全である権利」「知らされる権利」「選択できる権利」「意見が聞かれる権利」です。その後、1975 年に G.R. フォード大統領（当時）によって、第 5 の権利「消費者教育を受ける権利」が追加されました。

　1980 年には、消費者団体の国際組織である「国際消費者機構（CI: Consumers International）」がさらに 3 つの権利を加えました。日本では「消費者基本法（2004 年成立）」に示されています。図表 7-8 は、「消費者の 8 つの権利」とそれらの内容を説明しています。

図表 7-8 「消費者の 8 つの権利」と解説・事例

権　利	解　説・事　例
①基本的ニーズが保障される権利 [the right to basic needs]	【解説】生活に必要なものが保障される 【事例】十分な食料、衣服、家屋、医療、教育、公益事業、水道、公衆衛生といった基本的かつ必需の製品・サービスを得る
②健全な環境で生きる権利 [the right to healthy environment]	【解説】健全な生活環境の中で働き生活する 【事例】健康・生命に危険な製品・製造過程・サービスから守られる
③安全が保証される権利 [the right to safety]	【解説】健康や命に関わる危険な商品によって消費者が危害を受けることがないよう保障される 【事例】カラーコンタクトの、使用者の安全確保のため、「高度医療機器」として薬事法に基づく販売規制が行われなければならない
④情報と説明が与えられる権利 [the right to be informed]	【解説】商品を選ぶときに、正しい表示やお店の人から適切な情報を知ることができる 【事例】消費者が商品の購入時に正しく判断できるよう、ネットショップには返品特約等を明確に広告する義務がある
⑤選択と自己決定する権利 [the right to choose]	【解説】自分の意思で自由に商品やサービスが選択できる機会が保障される 【事例】予算の範囲内で、さまざまな商品から自由に選ぶことができる
⑥意見が聞き届けられる権利 [the right to be heard]	【解説】企業や消費生活センターなどに意見を申し出たときに、意見が反映されて対応策がとられる 【事例】公園の遊具の使用に危険性があったので地方自治体に連絡したら、安全なものに改善された
⑦救済と補償を受ける権利 [the right to redress]	【解説】被害を受けて企業や消費生活センターなどに相談したときに、被害を回復するために対応策がとられる 【事例】消費者被害に遭ったとき、地方自治体等が設置している消費生活相談窓口に相談することができる
⑧消費者教育を受ける権利 [the right to consumer education]	【解説】被害や事故に遭わないような消費者センスを身につけるため、事前に学校や家庭で学ぶ 【事例】学校や家庭、地域などで、契約のしくみや消費者被害、インターネット利用上の注意点などについて学ぶことができる

出所：【解説】岐阜県環境生活部県民生活課岐阜県消費者教育支援専門委員会監修「おっと！落とし穴契約にある深い穴に落っこちないために」、【事例】消費者庁「これからの社会を担うあなたへ」を参考に作成

　消費者の権利を強調する一方で、権利に伴う消費者の「責務」も生じます。消費者とは、自己主張に傾斜する消費者行動ではなく、消費者としての意思決定や行動があります。すなわち、消費者が権利行使を正当におこなうためには、消費者の立場としての責任も果たさなければならず、そこに商品・サービ

図表 7-9　「消費者の 5 つの責任」と解説・事例

①商品・サービスの用途・価格・品質等について「批判的な意識をもつ消費者となる責任」[critical awareness]	【解説】生活に必要なものが保障される 【事例】十分な食料、衣服、家屋、医療、教育、公益事業、水道、公衆衛生といった基本的かつ必需の製品・サービスを得る
②公正な取引が実現されるように「行動する責任」[action and involvement]	【解説】買った商品に問題があったとき、自己主張し、公正な取引を得られるように、販売元に問題の改善を求めたり、消費生活センターなどに相談する 【事例】スーパーで購入した弁当に卵の殻が入っていたので、抗議の電話をした
③自らの消費者行動が他者に与える影響を考慮に入れる「社会的関心をもつ責任」[social responsibility]	【解説】消費者の行動は、自分だけではなく、他者に与える影響、とりわけ弱者に及ぼす影響を与えていることを自覚する 【事例】チョコレートやコーヒーなどを買うときは、フェアトレード商品を選ぶようにしている
④自らの消費者行動の結果が環境に与える影響を理解する「環境への自覚の責任」[ecological responsibility]	【解説】環境に配慮した商品を選択したり、ゴミの出し方に配慮するなど、消費者の行動が環境に影響を与えることを自覚する 【事例】渋滞解消のため、電車やバスを使って外出することにした
⑤消費者の利益を擁護し促進するために消費者として「団結・連帯する責任」[solidarity]	【解説】消費者の利益を擁護し、促進するため、トラブル解決のために、被害に遭った人が一緒になって問題に立ち向かう 【事例】消費者トラブルを防ぐため、消費者同士が適切な情報交換を行っている SNS に登録した

出所：【解説】岐阜県環境生活部県民生活課岐阜県消費者教育支援専門委員会監修「おっと！落とし穴契約にある深い穴に落っこちないために」、（公財）関西消費者協会「ケーヤクにつけるクスリ」、愛知県（2014）「消費生活情報 あいち暮らしっく」を参考に作成、【事例】消費者庁「これからの社会を担うあなたへ」を参考に作成

スの用途・価格・品質等についての責任が発生します。「消費者の5つの責任（図表7-9）」については、国際消費者機構が8つの権利と合わせて1982年に提唱しました。権利の主張と責任を果たす消費者は、自立した消費者あるいは参画する消費者といえます。しかし、そこには消費者自身の消費者行動への自覚と強い意識、さらには行動が伴わなければなりません。

3. 賢い消費者から自立した消費者、そして SDGs な消費者へ

　消費者が商品の情報を得て、消費者の意思で商品選択をし、万が一被害に遭った場合でも救済されるなど、こうした消費者の権利が実現されるようになるまでには、消費者被害が起こるたびに、消費者や消費者団体が声をあげ、法整備や行政・事業者による対応が繰り返されてきました。また、生産・消費・廃棄の過程では、地球環境や資源に関連する問題も新たに発生しており、消費者というよりも地球に住むすべての人の生活を脅かしはじめています。

　こうした時代背景の流れに伴い、消費者の位置づけやその役割にも変化が求められています。今後は、個人の生活を守ることだけを中心に据えるのではなく、社会や地球のなかで生きている（生かされている）私という捉え方で、消費者1人ひとりの役割を担うことを真剣に考えなければなりません。日々の消費者行動が、未来の人たちに大きな影響を及ぼすことを認識し、消費者市民社会の1人として行動することが求められます。

　したがって本章最後は、消費者の立場の変化に着目し、未来に生きる消費者自身の行動とはなにかについて考えてみます。

3-1. 賢い消費者から自立した消費者へ

　終戦後、日本は「消費者の権利」の黎明期を迎えます。1948年に主婦連合が結成されましたが、その結成のきっかけとなったのが「不良マッチ退治主婦大会」です。配給時代で不良品のマッチを事業者に取り換えさせる活動をつうじて、「婦人の経済的自覚を高め、暮らしの課題を解決するために団結しよう」と奥むめお初代会長の一声で開かれた大会でした。主婦連合会は、「消費者の

権利を確立し、いのちとくらしを守るために必要な活動をする」ことを目的と
していました。また、牛肉の高値に大阪の主婦らが不買運動をおこない、農協
から仕入れた牛肉を安く売ったという記録もあります（肉類不買同盟）。粗悪
品追放を掲げ、各地の消費者団体と個人会員からなる主婦連合会は、「しゃも
じとエプロン（割烹着）」をシンボルに戦後の消費者運動をリードしてきまし
た。プラカード代わりにした大きなしゃもじには、「ヤミ米追放」「値上がり買
いものコワーイ」「排ガス規制完全実施」などと書かれていました。主婦の願
いや怒りを込めたスローガンを掲げ、街頭でデモ行進を続けた「おしゃもじ運
動（物資獲得運動）」が消費者運動のはじまりです。これ以降、消費者は消費
者主権確立のために、地道で過酷な運動を繰り返しました。

　1960 年以降、家電製品、耐久消費財が大量生産されるようになった高度経
済成長期の技術革新により、国民の生活は大きく変貌を遂げました。それまで
の天然素材のものに加え、プラスチック等の合成樹脂製品や合成繊維（ナイロ
ン、ポリエステル、アクリルなど）の衣類が店頭に並びました。便利なインス
タント食品や家電製品などが次々に発売され、消費者が積極的に新商品を購入
する、本格的な消費社会が到来します。一方で、急速な産業・経済発展は、イ
ンフレによる物価高、不当表示、薬害、公害を発生させました。1968 年 5 月
には、長く弱者の立場を強いられてきた消費者を保護する法律として「消費
者保護基本法」が制定されました。この基本法の目的は、「消費者の利益の擁
護及び増進に関する対策の総合的推進を図り、もって国民の消費生活の安定及
び向上を確保すること」です。こうした事業者からの適正な商品・サービスが
提供されるとは限らない時代には、消費者自身が消費者問題に巻き込まれない
「賢い消費者」の育成に注視していました。

　1980 年代は、情報化、サービス化、国際化等の動きが加速し、消費者を
取り巻く生活環境は大きく変化しました。いわゆる「量から質への消費」で
す。1990 年以降は、パソコンや携帯電話、スマートフォンの普及により、イ
ンターネット接続が可能となり、どこからでもいろんな商品を検索したり、海
外ショップからでも購入できるようになりました。消費生活スタイルが大きく
変化した時代です。一方で、情報化社会、国際化社会、高齢化社会が進展する

なかで、インターネット関連トラブル、高齢者を狙った詐欺、訪問販売などの消費者トラブルが急増しました。環境問題は地球規模にまで拡大し、生産・消費・廃棄の観点から消費者問題として重要な位置を占めるようになってきました。これまでは、モノを選ぶノウハウに詳しい賢い消費者を目指していましたが、さまざまな消費者問題が発生するようになってからは、消費者自身が消費者問題に立ち向かい、自ら問題解決できる行動をとれる力が求められるようになりました。

こうした流れから、わが国では「消費者の自立」を目指す教育が推進されてきました。消費者の権利行使ができない弱い消費者に対して、保護されればよいという消費者行政のスタンスは、次第に「消費者の権利」を認める方向へ修正されました。その後、消費者の8つの権利を明示した消費者基本法が施行されます。2004年6月には、消費者保護基本法に代わり、「消費者基本法」が制定され、消費者が「保護」から「自立」する主体という変化の瞬間が訪れました。翌年、消費者が安全から安心できる消費生活を送る環境を整備するため、消費者基本計画が閣議決定されました。

こうして「賢い消費者」から「自立を目指す・強い消費者」へと変化しました。「自立した消費者」とは、消費生活に関する知識を自ら修得し情報を活用し、多様化する市場において、合理的かつ倫理的な消費行動ができる消費者のことです。消費者問題[vii]と隣り合わせの日々のなかで消費を繰り返す消費者にとって不可欠な能力の1つです。同時に、企業の情報を消費者自身で適正に選択・判断できる意思決定する力も消費者には求められるようになりました。

3-2. SDGsな消費者へ

SDGs（Sustainable Development Goals:持続可能な開発目標）は、「誰一人取り残さない（leave no one behind）」持続可能でより良い社会の実現を目指す世界共通の目標のことです。これには歴史的な背景があります。

1972年ローマクラブは『成長の限界』で、人口増加や環境汚染が続くと、あと100年で地球の成長に限界がやってくるという警鐘を鳴らしました。1980年代には「世界自然資源保全戦略」として、「持続可能性」という概念

がはじめて提示されています。『ブルントラント・レポート（われら共有の未来）』のなかでSDGsのルーツといえる「持続可能な開発」が表明されたのです。1989年には、ベルリンの壁の崩壊を契機として、東西冷戦が終結し、経済が急激にグローバル化するなかで、世界の長期的な安定と平和には、地球環境問題が不可欠である、という共通認識が生まれました。1992年「地球サミット（リオサミット）」が開催され、持続可能な開発における歴史的転換となりました。地球サミットでは、現在の持続可能な開発に関する行動の基本原則であるリオ宣言と、これを実行するための「アジェンダ21」が採択されました。その後、「京都議定書」において地球温暖化への世界的な協調の取り組みが1997年に採択されています。

　開発分野においては、依然として人口増大が進むなか、抜本的な解決を目指し、2000年に国連は国際開発目標を統合したミレニアム開発目標「MDGs」をまとめました。2015年を年限として、開発途上国の貧困・教育・健康・環境などを改善するための8つのゴールと21のターゲットを掲げます。持続可能な開発目標（SDGs）は、2030年を達成年月として、先進国や新興国、途上国のすべての国や企業、個人がより良い未来をつくることを目標とした17のゴールと169のターゲットから構成されています。世界中の人々が主役となり取り組まなければならない目標であり、1人ひとりの行動が社会を変える力となります。こうした行動は、世界で発生している問題解決につながるため、1人ひとりが自覚しながら生活することで社会や世界を変えていくことを目指しています。

　持続可能な消費者行動をとるには、世界の人のこと、地球という環境のことを知ることが必要です。例えば、資源について考えてみましょう。途上国の貧困層の人びとは、それほど多くの資源は使えませんが、資源を浪費し地球を汚してきたのは、先進国などの人びとです。有限ではない資源を贅沢に使い、大量の廃棄物を排出しています。食品廃棄物等では、事業系の食品の廃棄は規格外品や返品、売れ残り、食べ残しがあり、家庭系の食品の廃棄は食べ残しや過剰除去、直接廃棄が含まれます。

　わが国では、24時間営業のスーパーやコンビニ、食料品、日用品、衣服、

家電製品など、どの店舗に行っても品数は豊富で買い求めたいものは、たいてい1つの店舗で揃えることができます。ある品物を求めて、何店舗も梯子することや、どの店も商品が品切れで、今日は食べるものを手に入れることができない、ということもありません。蛇口を捻れば、キレイな飲み水が贅沢に流れ続け、衛生的な手洗いもあります。しかし、溢れているものがすべて消費されているわけではありません。溢れるということは、その一方で大量な物が廃棄されている深刻な事実もあるのです。

　食料自給率^{viii}の観点では、日本はカロリーベース^{ix}で38％の自給と低く、62％のカロリーを他国に頼っています。諸外国の食料自給率（図表7-10）と日本を比較するとカロリーベース、生産額ベースともに低水準であることが分かります。特に、米の消費が減少し、畜産物や油脂類の消費が増加する等の食生活の変化がみられます。2030年までに、カロリーベース総合食料自給率を45％、生産額ベース総合食料自給率を75％に高める目標を掲げています。

　こうした現状にもかかわらず、いま世界では食品ロスの問題を抱えています。食品ロスとは、まだ食べられるのに捨ててしまう食べ物のことです。世界では、まだ食べられる食料が年間13億t廃棄されているそうです。そのう

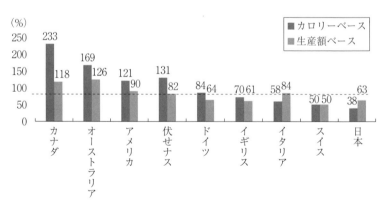

図7-10　わが国と諸外国の食料自給率

出所：農林水産省「食料需給表」およびFAO"Food Balance Sheets"より筆者作成
　　　（注：数値は暦年（日本のみ年度）。スイス（カロリーベース）およびイギ
　　　リス（生産額ベース）は各政府の公表値を記載。畜産物および加工品は輸
　　　入飼料（原料）を考慮して計算。アルコール類は含まない）

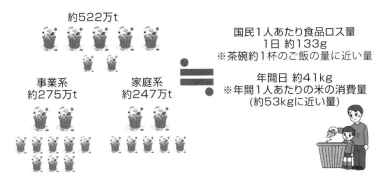

図表 7-11　日本の食品ロスの状況（令和 2 年度）
出所：農林水産省「〜食品ロス量（令和 2 年度推計値）を公表〜（添付資料＝日本の食品ロスの状況（令和 2 年度））」より筆者作成

ち、日本の食品ロス状況は 1 年間に約 522 万 t（東京ドーム約 5 杯分）が廃棄されています。国民 1 人あたりに換算すると、毎日茶碗 1 杯分の食料を捨てていることになります（図表 7-11）。

　日本での食品ロスの原因は大きく 2 つあると指摘されています。1 つは、上述したスーパーマーケットやコンビニエンスストアなどの小売店での売れ残りや返品、飲食店での食べ残し、売り物にならない規格外品などの「事業系食品ロス（328 万 t）」です。もう 1 つは、家庭で出るものです。食べ残しや購入したが使わず捨てたり、野菜の皮などの「家庭系食品ロス（284 万 t）」です。

　モノが有り余るという贅沢な生活を繰り返している国がある一方で、地球上で生活する約 77 億人のうち、途上国を中心に 8 億人以上（約 9 人に 1 人）が十分な食事ができず、栄養不足に苦しんでいます。こうした現状を企業任せ、企業努力に期待するのではなく、企業という組織を成す私たち生活者が取り組んでいく必要があります。

おわりに

　大量のエネルギーや資源を使い、大量の食品や工業製品を生産し続け、消費し、大量廃棄をこのまま継続すると、資源は枯渇し、エネルギーの浪費を引き起こす気候変動にとどまらず、モノを生産するときに使う有毒な化学物質の排出による環境汚染も大きな問題です。

　こうした現実を鑑みれば、消費者個人の安全・安心で豊かな生活を守るという消費者中心的な消費者行動ではなく、購買行動をつうじて社会や環境に目を向け、貢献する消費生活を実現しようという「エシカル消費（倫理的消費）」への意識・認識と行動が必要になることが理解できるのではないでしょうか。これは、SDGsの17の目標のうち、特に12の目標「つくる責任、つかう責任」に関連する取り組みです。

　社会が持続可能性を創生し1日でも長く継続するためには、消費者が相互の異なる文化や価値観を認め合うことが重要です。事業者による企業の健全な経営展開、環境配慮型の生産を構築し、社会・経済活動に私たちが自発的に参加・参画することで、生活の基本である衣食住が満たされ、精神的豊かさにつながる生活ができるでしょう。そうした生活過程のなかで、SDGsな消費者の形成が可能になるものと考えます。

　「SDGsな消費者」とは、私たち消費者個人が日々繰り返す消費生活のなかで、SDGsの各ゴールに関わる目標を達成に近づけられるように、消費者市民の行動をとることです。再度、消費者市民とはなにかを述べますが「消費者が、個々の消費者の特性および消費生活の多様性を相互に尊重しつつ、自らの消費生活に関する行動が現在および将来の世代にわたって内外の社会経済情報および地球環境に影響を及ぼしうるものであることを自覚し、公正かつ持続可能な社会の形成に積極的に参画する社会（消費者教育推進法）」です。

　例えば、消費者は事業者側に立つ場合（half-employ）があるため、「つくる責任」が意識できます。生産時にはみえないけれども、使う人のことを考え、流通を通して消費者へ届くまでのすべての過程に事業者側の責任があります。

一方、事業者は消費者側にも立つ（half-customer）ため、事業者による持続可能な生産のさらなる追求や、「つかう責任」を意識した消費者行動への転換が必要です。これまで目指していた「自立した消費者」に加えて、地域・社会・地球の一構成員である個々の消費者が「消費者の社会的責任」（責任を伴う権利の行使）を果たす、という消費者市民としての持続可能な社会形成に寄与していくことが求められます。

　消費者市民社会を構築する消費者一人ひとりの消費者市民の消費者行動が、「SDGsな消費者」となるのではないでしょうか。

（執筆者：田村）

《 推薦図書 》

➢　巻正平（1971）『コンシューマリズム ― 立ち上がる消費者 ―』日本経済新聞社
➢　G.C.デイリー・C.エリソン［著］，藤岡伸子・谷口義則・宗宮弘明［訳］（2010）『生態系サービスという挑戦 市場を使って自然を守る』名古屋大学出版会
➢　筧祐介（2019）『持続可能な地域のつくり方 未来を育む「人と経済の生態系」のデザイン』英治出版

注

i　意思決定とは、複数の対象・目標、問題解決方法等から、各自の価値体系、予測体系といった決定基準に基づいて、合目的的に選択し、決定していくプロセスである。

ii　法律上、「消費者」概念をはじめて明確に定義したのは、消費者契約法であり、「この法律において『消費者』とは、個人（事業として又は事業のために契約の当事者となる場合におけるものを除く。）をいう」（消費者契約法第2条第1項）と定義される。

iii　消費者被害とは、商品やサービスの購入・使用に伴う身体的被害や経済的被害をいう。

iv　情報の非対称性とは、人と人との間で交わされる情報と知識の違いにより、共有し難い相互間で均衡がとれない状態にあること。

v　フェアトレード製品とは、開発途上国の原料や製品を適正な価格で継続的に購入することにより、立場の弱い開発途上国の生産者や労働者の生活改善や自立を目

指す貿易のしくみという意味のフェアトレードの製品を購入することであり、その製品を購入することで生産者を支援することにつながる。

vi　オーガニックコットン製品とは、①原料の原綿がオーガニック認証を受けているということでオーガニックコットンと表示しているもの、②原料から製品までそれぞれオーガニック認証を受けているもの、③第三者の認証はなく、栽培や加工の方法からオーガニックと称するにふさわしいと自称しているもの（日本オーガニックコットン協会）。

vii　消費者問題とは、消費生活を営むために購入した商品、サービスおよびその取引をめぐって生じる消費者の生命・身体・健康に関わる被害または経済的不利益の問題をいう。

viii　食料自給率とは、わが国の食料供給に対する国内生産の割合を示す指標のこと。つまり、「食料」を「自給している率（割合）」のことで、日本全体に供給された食料に占める日本で生産した食料の割合のこと。

ix　カロリー（ものさし）とは、国民1人1日あたりに供給している全品目の熱量の合計（供給熱量2,426kcal）に占める国産の熱量（国産熱量：918kcal）の割合を計算し38％（令和元年度）となる。

第8章

会計の役割

はじめに

「会計」と聞いて、皆さんが最初に思い浮かべることはなんでしょうか。恐らく多くのかたがイメージされるのは、ショッピングや飲食後の「お代の支払い」ではないかと思います。たしかに、それも会計という言葉がもつ意味の1つです。しかし、本章でみていく会計とは、「お金の動きを記録し、その結果を説明すること」を指します。そしてこの「記録」のための技術を「簿記」といい、「説明」にいたる部分を特に「財務会計」と呼ぶことがあります（図表8-1）。

会社のさまざまな経済活動は、お金の価値で記録され、最終的にはその情

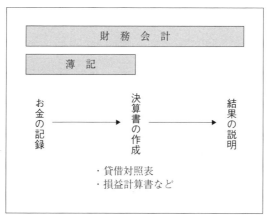

図表8-1　会計の全体像
著者作成

報に興味・関心をもつ人たちに向けた説明がおこなわれます。この一連のプロセスのなかで、貸借対照表や損益計算書に代表される「決算書」といったものが作成されます（詳細は後述します）。いまの段階ではざっくりと、お金の記録にはじまり、決算書を作成し、結果の説明をおこなうことで、会計は一応のゴールを迎えると捉えていただければ幸いです。そして、この会計なくして、今日にいたるまでの商業の発展はなかった、ということも付け加えておきたいと思います。

　ちょっと難しそう…と感じましたか？　大丈夫です。まずは、この「記録」と「説明」がどのような経緯でおこなわれるようになったのか、少しだけ会計の歴史をお話ししていきます。世界史の復習をするような気持ちで読み進めていってください。

1. 記録の文化

　人気資格ランキングなどで常に上位にランクインする「簿記」。多くの学生さんや社会人のかたが学ばれているこの技術は、一般的に「複式簿記」といわれるものです。ではこの複式簿記は、いつ、どこで、誰が生み出した技術なのでしょうか？　この問いに対して、実は筆者も明確な答えを用意することはできません。というのも、複式簿記の起源には諸説あり、間違いなくこれが正解だという断定ができないのです。

　本章では、中世イタリアの各都市において、商取引の際に記録を付けていた文化が発展し、次第に共通のルールにまとめられていった、という説に基づいて話を進めていきます。つまり、先ほどの問いに対して確実にいえることはただ1つ、「簿記に唯一の発明者は存在しない」ということだけなのです。

1-1. 商人たちの慣習

　ときはいまから700年ほど前 ── 。中世におけるイタリアは、世界の経済の中心でした。多くの人や物が行き交い、いたるところで誰かがお金を支払ったり受け取ったり、お金を貸したり借りたりしている、といった状況でした。

図表 8-2　A さんが作成する帳簿と記録内容
著者作成

　このように日々、活発な商取引がおこなわれるなかで、ある困ったことが生じます。お金の決済や貸し借りについて、「もう支払った」「いや、まだ受け取っていない」「貸した」「いや、借りていない」といったトラブルが起こるようになったのです。そこで商人たちは、不要なトラブルを回避するために、誰かに強制されるわけでもなく慣習として取引の記録を残すようになりました。
　例えば、A さんが B さんに 100 円貸したという取引を記録しようとしたとき、A さんは「B さん帳」という題名を付けた「帳簿（ノート）」を作り、その見開きの左側のページに「100 円」と記入するとともに、「現金帳」という題名を付けた帳簿を作り、その見開きの右側のページに「100 円」と記入しました[ii]（図表 8-2）。つまり 1 つの取引を、「B さんに対する貸しが 100 円増えた」という事実と、「手持ちのお金が 100 円減った」という事実の 2 つの側面（複式）で捉えて、帳簿に記入（簿記）したのです。これが複式簿記のはじまりです[iii]。

1-2.　借方と貸方には意味がない？

　さて、簿記の学習をはじめたかたの多くが最初にぶつかる壁があります。複式簿記では、「勘定」という計算スペースのようなものが用いられるのですが、そこで出てくる「借方（計算スペースの左側）」と「貸方（計算スペース

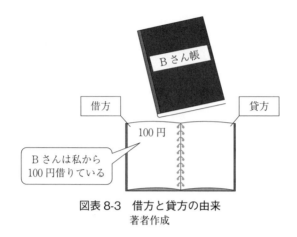

借方

貸方

100 円

Bさんは私から
100 円借りている

図表 8-3　借方と貸方の由来
著者作成

の右側）」の名称の意味不明さです。相手にお金を貸したから、その金額を貸
方に書くんでしょ？　と思って解答を見ると、「貸付金勘定の借方に○○円」
といった記載が…。ここで、簿記なんて意味不明だ！　といって投げ出される
のは悲しいので、少しだけ余談を挟みます。

　先ほどの「AさんがBさんに 100 円貸した例」を振り返ってみましょう。A
さんの手元にある「Bさん帳」の見開きの左側には「100 円」と書かれています。
この記録、後でAさんが読み返したときに、どのような意味として解釈され
るのでしょうか。

　この帳簿を作ったのはAさんですが、あくまでもその題名は「Bさん帳」で
す。そこでAさんは、Bさんを主人公に見立て、「Bさんは私から 100 円借り
ている」という意味をもたせたのです（イタリアの商人たちは、なんと相手想
いの性格だったのでしょう）。その結果、帳簿の見開きの左側を「借方」と呼
ぶようになりました。そして反対に、見開きの右側を「貸方」と呼ぶように
なったのです[iv]（図表 8-3）。

　複式簿記で用いられる勘定の「借方」と「貸方」という名称は、この当時の
名残りです。現在では記号のように「左側」と「右側」といった意味しかもっ
ていませんが、その背景には少しだけ心温まるストーリーが隠されていたので
す。

1-3.　複式簿記のメリット

　上述した「Ｂさん帳」と「現金帳」の記録の例は、一見すると単なるお金の貸し借りの備忘録にすぎませんが、実は複式簿記のしくみによって、非常に高い正確性と信頼性が担保されていることになります。

　先の帳簿記入を改めてじっくり見てみると、「Ｂさんに 100 円貸した」から「現金が 100 円減った」という、ある取引の原因と結果の両方に着目し、一方はＢさん勘定の借方（左側）に、もう一方は現金勘定の貸方（右側）に、それぞれ 100 円という同じ金額が記録されていることがわかります。このように、複式簿記によるお金の記録は、必ず 2 つ以上の勘定に左右の合計金額が一致するかたちでおこなわれることになります。このしくみによって、視覚的・構造的なチェック機能が働き、記録ミスを防ぐことができるようになっているのです。

　さらに、記録の対象となるすべての取引・事象が、上記同様、原因と結果の両面で捉えられ、それぞれが各勘定の借方と貸方に同額で記録されるため、どれだけ多くの取引や事象が積み重なっていったとしても、また、いついかなるタイミングにおいても、すべての勘定の借方の合計金額と貸方の合計金額は必ず同額になっているはずです。そのため、もし借方合計と貸方合計が一致しなくなったときは、必ずどこかに誤りがあるということを即座に認識できるのです。

2.　身内・仲間のための会計

　経済の繁栄とともに、商人たちの記録の文化として浸透していった複式簿記。その技術は、銀行での為替手形の記録や国有船の貸付の記録などをつうじて、官民問わず広く普及していきます。

　ではこの「記録」が、いかにして「説明」をおこなうにいたるまで発展することになったのでしょうか。実はこの変遷を知ることこそが、会計学の本質を知ることにつながると筆者は考えています。なぜならば、「Accounting（会計）」の語源は、「account for（〜を説明する）」なのですから。

2-1. 巨万の富をもたらした東方貿易

　シェイクスピアが描いた愛と葛藤の物語、『ヴェニスの商人』をご存じでしょうか。この物語の舞台となった、水の都・ヴェネツィア。地中海に面し大運河を擁する立地から、12世紀以降、高い造船技術と航海技術が発達していきました。恵まれた立地と技術力を活かし、ヴェネツィアの商人たちが得意としていたのが、世界史でもおなじみの「東方貿易」です（ちなみに『ヴェニスの商人』に出てくる主人公も、この東方貿易をおこなう商人でした）。

　東方貿易によって、アジアとヨーロッパを行き交う貿易品は、実質的にすべてヴェネツィアを経由することとなり、商人たちに大きな富をもたらしました。ところが、この貿易をおこなっていた組織に着目すると、いまでは信じられないような形態をとっていたのです。いったいどのような組織だったのでしょうか。

2-2. 航海の終わりは組織の終わり

　この貿易は、概ね次のような方法でおこなわれていました。まず、同族を中心として、貿易に賛同した人たちがお金を出し合います。次にそのお金で乗組員を雇い、船や物品を調達したら、地中海をルートにして貿易をおこないます。そして1往復の航海を終えると、持ち帰った貿易品や船などをすべて現金化し、乗組員に賃金を支払い、残ったお金を山分けして解散する、といった流れです。

　このように、1往復限りの航海を終えた組織は全財産を綺麗さっぱり清算し、その短い一生を終えていたのです。では、このような組織で事業がおこなわれていたころ、お金の記録はなにを目的としていたのでしょう。

2-3. 身内による身内のための財産の増減の計算

　船が港に戻り全財産を清算した後、最初にお金を出し合った人たちの間で、次のような会話がおこなわれます。

　身内Ａ：「貿易を終えて、組織の全財産は900万円になったよ！」

　　身内Ｂ：「最初に 3 人で 100 万円ずつ均等に出し合ったから、この 900 万円
　　　　　　も 3 人で均等に分けよう。すると 1 人あたりの取り分は 300 万円
　　　　　　だね！」
　　身内Ｃ：「最初に集めた 300 万円が 900 万円に増えたんだから……全体の儲
　　　　　　けは 600 万円ですな！」

　といったように、最初に持ち寄った財産の金額と、貿易を終えた時点の財
産の金額を比較し、その差額で 1 往復の航海（組織の一生）の成果を把握して
いたのです。つまり、あくまでも身内のなかで、財産を仲良く分け合うための
増減計算がおこなわれていた、ということができます。
　しかしながら、このような組織は、組織形態の変化とともに次第に姿を消
していくことになります。同じイタリアでも、次のような事業をはじめる商人
が出てきたのです。

3.　継続的な組織の誕生

　イタリアの内陸部に位置する、花の都・フィレンツェ。ここでは、ヴェネ
ツィアのような海や運河には恵まれず、東方貿易をおこなうには立地的に高い
ハードルがありました（図表8-4）。フィレンツェの商人たちは、世界をまた
にかけて大儲けするヴェネツィア商人のことを、少しだけ羨ましく思っていた
かも知れません。
　しかし、フィレンツェ商人も負けてはいませんでした。彼らは、単発的な
貿易で一攫千金を狙うのではなく、決まった場所に拠点を構え、継続的に事業
を発展させる道を極めていったのです。
　フィレンツェの商人たちは、血縁関係にこだわらず仲間同士でお金を出し
合い、毛織物業をはじめとする事業を立ち上げていきました。構成員を同族に
限定しないことで、この組織はより多くのお金を集めることができました。そ
してそのお金を使い、要所要所に事業の拠点を構えていったのです。
　この組織にはもう 1 つ、大きな特徴がありました。それは、「組織の終わり」

図表8-4　ヴェネツィアとフィレンツェの位置
著者作成

というものを考えていなかったことです。航海を終えるごとにすべてを清算
し、また新たな貿易を企てるときはゼロからすべてを調達する、といったヴェ
ネツィア型の組織の非効率さに、彼らは気づいていたのかも知れません。フィ
レンツェ型の組織は、事業をおこなうなかで儲けが出ると、それを元手にさら
に拠点を増やし、事業を拡大していきました。このスタイルは、ビジネスに
とって非常に好都合です。なぜならば、解散によって組織がリセットされると
いうことがないため、組織の内部に事業に関するノウハウが蓄積されていった
のです。

　しかし、一見とても効率的で素晴らしく思えるこの組織にも、ある問題が
生じます。ヒントは、仲間たちで組織を結成しているという点にあります。果
たしてどのような問題が起こったのでしょうか。

3-1.　仲間同士ならではの難しさ

　気心が知れた仲間たちが集まり開始した事業。とはいえ、所詮は生まれも
育ちも異なる赤の他人です。意見の食い違いや方向性の不一致などから、事業
を進めていく途中で「組織から抜けたい」というメンバーが出てきたのです。

そのメンバーはこう続けます。「最初に出した元手と、これまでの儲けの取り分、返してよ」と。

　ところがこの組織は、事業の途中ですべての財産を清算することなど考えていません。そう、解散するときにはじめて、これまでの儲け（＝財産の増加分）がわかる計算システムが通用しなくなったのです。

3-2. 仲間による仲間のための期間の利益の計算

　途中で組織を脱退する仲間に対して、最初に出してくれた元手に加え、これまでの儲けに対する分け前も渡してあげなければなりません。もし、この時点ですべての財産を現金化することができれば、最初に持ち寄った財産がいくらに増えたかで儲けを計算することができたでしょう。しかし、この組織形態ではその方法は不可能です。したがって、組織の「一生の儲け」ではなく、その仲間がお金を出してくれていた「期間の儲け」を把握する必要が出てきました。

　そこで考え出されたのが、次の計算方法です。まず、「その期間に増えた元手（収益）」と「その期間に減った元手（費用）」を記録しておきます。そして収益から費用の金額を差し引くことで、組織を清算することなく「その期間の儲け（利益）」を計算することができる、というわけです。このようにして、「収益−費用＝利益」という考え方が誕生しました。

4. 他人のための会計

4-1. 世界初の株式会社

　その後16世紀に入ると、隆盛を誇ったイタリアは次第に影を潜めることになります。代わって栄華を迎えたのが、オランダ（ネーデルランド）でした。当時のオランダは、アフリカ大陸の南側の海を通ってアジアと貿易をおこなう権利を、武力によって独占していったのです。

　しかし、北半球から南半球へと、まさに地球を縦断する航海は決して楽な船旅ではなく（図表8-5）、多くの要員と時間、そしてなにより、莫大な規模

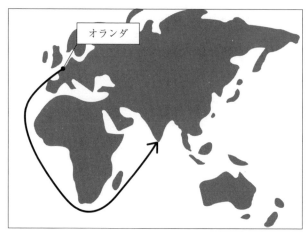

図表 8-5　アジアへの航海ルート
著者作成

のお金を必要としました。そこで、たくさんの人たちから効率的にお金を集めることができるしくみづくりが必要になったのです。ついに、世界史でもおなじみの、あの会社の誕生です。

　そう、かの有名な「オランダ東インド会社」です。世界初の株式会社という形態の会社といわれています。この会社は、前章までで述べてきた現代の会社につながる次の３つの特徴を備えていました。

- 継続的に事業をおこなう（ゴーイング・コンサーン）
- 株主がお金を出してプロが経営する（所有と経営の分離）
- 株は自由に売買できる（株式の自由譲渡）

　次に、会社の利益計算に関しての会計の重要な考え方、すなわち期間損益計算について少し詳しく述べることとします。

4-2.　あらかじめ期間で区切るという発想（期間損益計算）

　株式会社の制度のもと、頻繁に入れ替わる株主のために、会社が利益の分け前を個別に計算してあげることは現実的ではありません。だったら「あらかじめ一定の期間で区切ってしまえ」ということになるわけです゛（図表8-6）。そうすると、株主の入れ替わりに関係なく、ある期間の収益から、ある期間の費用を差し引いて、ある期間の利益を計算することができます。そして「このタイミングで株をもっていた株主へ配当を支払います」ということを決めておけば、株主は納得して配当を受け取ることができ、新たな投資家も安心して出資ができるようになるのです。

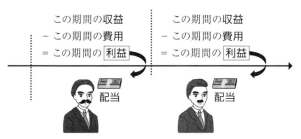

図表 8-6　人為的に区切られた会計期間
著者作成

4-3.　経営者による株主のための期間の利益の計算

　先ほどあげた株式会社の3つの特徴は、お金の記録の目的も大きく変化させました。会社自体はずっと継続する前提で事業をおこないますが、あるとき突然、これまで出資をしてくれていた株主が株を売りたいといい出します。でも大丈夫です。フィレンツェ型の組織のように、誰かが「抜けます！」といってはじめて、それまでの利益の計算を開始するのではなく、あらかじめ一定の期間で区切り、その期間の利益をきちんと計算するシステムを備えることで、オーナーの頻繁な入れ替わりにも対応できるようになったのです。

　このようにして、お金の記録の目的は、株主のための期間の利益の計算となりました。これまでは「身内のため」や「仲間のため」だったのが、今度は明らかにまったくの第三者、「株主のため」へと変化したのです。その理由は、

会社にお金を出す人と実際に経営をおこなう人が、まったくの別人になったからに他なりません。株式会社の誕生というものは、会計の歴史において非常に大きなインパクトを与えることになったのです。

4-4. 会社に向けられる興味・関心の目

　その後、株式会社の制度が浸透するにつれ、会社にはたくさんのお金が集まり、会社の大規模化がどんどん進んでいきました。当然のことですが、会社が大きくなるということは、会社とお金の関わりをもつ人も増えるということです。この人たちのことを「利害関係者」といいます。そして利害関係者たちは、それぞれの立場から、さまざまな興味・関心の目を会社に向けるようになります。

　例えば、会社に出資をしている株主は、「経営者は真面目に経営をやっているのかな？　配当を出せるだけの利益を上げているのかな？」ということが気になります。これから出資をしようと考えている投資家は、「この会社に出資をしたら儲かるのかな？　いまは調子が良いみたいだけど、将来的には伸びるのかな？」ということが気になります。会社にお金を貸そうと考えている銀行は、「期限までに返済してくれるのかな？　利息もしっかり支払ってくれるのかな？」ということが気になります。これから新たに取引をしようと考えている会社は、「取引をはじめても大丈夫かな？　掛け代金は滞りなく決済してくれるのかな？」ということが気になります。多くの従業員が必要になってくると、「働いた分の給料はきっちり支払われるのかな？　すぐに潰れないかな？」ということが気になる人も出てきます。

　このように、会社の大規模化は利害関係者の増加を生み、利害関係者の増加は、会社に向けられる興味・関心の多様化をもたらしたのです。

4-5. 経営者による利害関係者のための財務情報の説明

　会社の利害関係者たちの多様化した興味・関心に対して経営者がとった手段 ―― 。それは、財務情報を開示し、会社の現状と経営の成果を説明することでした。

　無限に続いていくと考えられている会社の一生を、あらかじめ一定の期間で区切り、その「一時点の現状」と、区切られた「期間の成果」を説明することで、利害関係者の情報ニーズに応えるようになったのです。開示される財務情報のなかには、「これだけの利益を出しています」「前よりも成長しています」「お金を支払う余力があります」「借金も多すぎません」といった、経営者から利害関係者に対する見えないメッセージが込められているのです。

　では経営者はなぜ、このような説明をしなければならないのでしょうか？　思い出してみてください。株式会社の経営者というものは、基本的には自分のお金ではなく、株主に出資してもらったお金を使って、会社の舵取りをおこなっているのでしたね。あるいは、銀行などからお金を借り入れて事業を展開していくことも必要になるでしょう。したがって、お金を出してくれた人たちに対して、「預かったお金でこのような経営をしています」ということを説明しなければならないのです。

　そして、会社が継続的に事業をおこなっていくためには、取引先との信頼関係を築き、従業員からは安定した労働力を提供してもらうことが不可欠です。そのため、他の会社や地域社会に対しても、「取引や労働に値する会社です」ということを説明しなければならないのです。

4-6.　利害関係者の意思決定

　会社とお金の関りをもつ利害関係者たちは、当然、誰もが損をしたくないと考えますし、少しでもお金を増やしたいと考えるのが普通です。しかし、世界中あちらこちらに存在するたくさんの利害関係者が、毎日その会社まで出向いて、現状や成果を直接確認することは不可能です。したがって彼らは、経営者が開示した財務情報を見て、それぞれにとって 1 番合理的と思われる判断をする他ありません。つまり財務情報は、その会社の利害関係者が自らのお金を守ったり増やしたりするための意思決定に際して、なくてはならない極めて大切なものなのです。

　仮に、経営者による財務情報の説明が、それはそれはとても素晴らしい内容であったとします。すると、「出資したい」「お金を貸したい」「取引したい」

「働きたい」といったように、会社にはますますヒト・モノ・カネが集まり、さらに規模を拡大していきます。

　このように、会計というものは、株式会社の制度を支えると同時に、会社が持続的に成長していくための非常に重要な役割を担っているのです。

4-7. 貸借対照表と損益計算書

　ここで、会社の財務情報がどのような形で説明されるのか、代表的なものをご紹介しておきたいと思います。会社のお金の動きを記録し、その結果を分かりやすくまとめた計算書一式を、一般的に「決算書」といいます（関連する法律によって「財務諸表」や「計算書類」といったように呼び名が変わります）。

　そのなかで、ある一時点の会社の現状を説明するのが「貸借対照表 (balance sheet)」です。貸借対照表は「〇年〇月〇日現在」といったように、決算をおこなう日（決算日）における会社の財産の状況を表しています。図表8-7で貸借対照表の構造を確認してみましょう。

　まずは中央の線で区切られた右側からみていきます。「資本」という部分は、会社のオーナー(株式会社の場合は株主)が出資したお金を表しています。オーナー自身が出したお金ということは、誰かに返す必要がないお金ということです。それに対し「負債」という部分は、銀行から借りた借金などを表しています。これは、いつかは返さなければならないお金です。会社はこのように、資本と負債で調達したお金を使って、事業に必要な財産を集めていくのです。

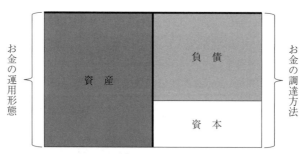

図表 8-7　貸借対照表（勘定式）の構造
著者作成

　そして貸借対照表の左側すべてを占めるのが「資産」です。この部分では、現金や商品、土地、建物など、会社が保有している財産のカタチを表しています。つまり、貸借対照表の右側で、お金をどのようにして調達したかを表し、貸借対照表の左側で、そのお金をどのような形態で運用しているかを表しているのです。当然、両者は表（お金の運用形態）と裏（お金の調達方法）の関係にありますので、左右の金額は必ず一致することになります。

　次に、もう1つの主要な決算書として「損益計算書（profit and loss statement, income statement）」をご紹介します。損益計算書は「〇年〇月〇日〜〇年〇月〇日」といったように、前回の決算日から今回の決算日までの一定期間（基本的には1年間）における、経営の成果を説明するものです。図表8-8 で損益計算書の構造を確認していきましょう[vi]。

　それではこちらも、中央の線で区切られた右側からみていきたいと思います。「収益」の部分は、会社が財やサービスを販売したり提供したりすることによって得られる稼ぎを表しています。ここに記載されるのは、あくまでも会社に入ってきたお金（＆入ってくる予定のお金）の金額です。したがって、収益がどれだけ大きかったとしても、その対価を得るために払った犠牲の大きさを把握しないことには、本当の成果は判断できません。よく「年商〇億円の会社」といった表現を耳にしますが、それは損益計算書の右側部分だけを指す言葉なので注意してください。

　そこで、収益と対比する形で損益計算書の左側に記載されるのが「費用」で

図表 8-8　損益計算書（勘定式）の構造
著者作成

す。これは、収益を獲得するために会社から出ていったお金（＆出ていく予定のお金）です。つまり、費やした代償ともいえます。商品の仕入れ値や広告料、従業員への給与、光熱費の支払いなどがそうです。会社の一定期間の成果を正しく説明するためには、同じ期間の収益と費用をセットにして比較する必要があります。その結果、両者の差額によって当該期間の「利益」（収益の金額を上回る費用が生じていた場合は「損失」）が算出されるのです。

　このように、貸借対照表と損益計算書は、まったく異なる切り口から会社の財務情報を説明する計算書です。そのため、決算のたびにこれらをゼロから作成する作業は非常にハードなのでは？　と思われるかも知れません。しかし、実は複式簿記のルールに従い、日々の取引や事象を正確に記録していくことによって、誘導的に貸借対照表と損益計算書の２つが作成されていくのです。

5．経営者のための会計

　これまでみてきたように、会社とお金の関わりをもつ利害関係者に向けて財務情報の説明をおこない、経営者としての責任を果たすこと、そして利害関係者の意思決定を助けることが会計の大きな目的です。本章の冒頭でも述べましたが、このような会計の領域を「財務会計」と呼びます。株式会社の大規模化に伴い、会社の利害関係者も多岐にわたるようになったいま、財務情報に興味・関心をもつ人が多い分、一般的に「会計」といった場合はこの財務会計を指すことが多いようです。

　それに対して、会社のなかの人たちが「この製品の値段はいくらにしようか」「A部門とB部門はどちらを強化しようか」「プランAとプランBはどちらを採用しようか」などを考える際に役立てられる会計を「管理会計」といいます。管理会計は、会社内部でおこなわれる意思決定や経営管理に活用されることから、経営者のための会計ともいえるでしょう。そのため、財務会計に比べるとなじみのあるかたは少ないかも知れません。本章では、せっかく「収益－費用＝利益」の話をしてきたので、それに関連する管理会計の内容にも触れて

おきたいと思います。

5-1.　モノの値段と販売目標

　皆さんは、商品や製品を購入するとき、その値段がどのように決められているのか、考えたことはありますか？　あるいは、社会人のかたやアルバイト経験がある学生さんで、お勤めの会社やお店の販売目標がどのように設定されているのか、考えたことはありますか？

　それらは決して、経営者の思いつきや中間管理職の意気込みによるものではなく、これからお話しする管理会計の考え方が非常に深く関わっているのです。

5-2.　経営者も楽ではない？

　会社はなんのために存在しているのか、ということを考えてみましょう。私たち消費者の立場としては、CMなどでよく耳にする「地球の未来のために」や「お客様の笑顔のために」というキャッチフレーズがとても印象に残りますが、経営学や会計学の視点からいってしまえば答えは明確です。それは、「利益を出すため」です。会社のオーナーである株主は、その会社の事業が多くの利益を生み、そのなかから配当を受け取ることができる（あるいは株価が上昇する）と考えているからこそ、大切なお金を出資しているのです。

　もし経営者が、このような株主の期待に応えることができず、「経営の能力がない」と判断されてしまえば、他の人と即交代ということにもなりかねません。つまり経営者というものは、株主が期待する水準の配当を支払えるだけの利益を出し続けなければならない（あるいは株価を高い水準で推移させなければならない）、という非常に重い任務を背負っているのです。

　経営者というと一国一城の主のようなイメージをもたれがちですが、実は自身の進退に関わるような大きなプレッシャーを抱えながら、日々、会社の舵取りをおこなっているのですね。

5-3. 赤字と利益の分岐点

　ここで、「収益−費用＝利益」の考え方を思い出してみましょう。赤字になるか利益が出るかの分かれ目では、当然、赤字も利益も生じません。つまり、収益と費用の金額がぴったり一致している状態です。この状態から、収益の金額が少しでも費用の金額を上回れば利益が出て、反対に費用の金額が少しでも収益の金額を上回れば赤字（損失）となります。このように、「収益＝費用」となるポイントを「損益分岐点（break-even point）」といい（図表8-9）、この考え方を経営に役立てることを「損益分岐点分析」といいます。

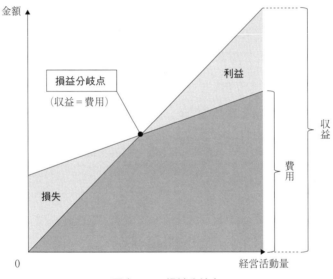

図表 8-9　損益分岐点
著者作成

　本章では、難しいグラフや数式を使わずに、できる限り簡単にこの分析をおこなう方法をご紹介します。それでは、とあるパン屋を例に話を進めていきたいと思います。

5-4.　このパン 1 個あたりの利益はいくら？

　ある町に、おいしいパンを 1 個 100 円で販売するパン屋がありました。口コミで人気に火がつき、焼き上がりの時間帯には連日大行列ができています。お店の店長は、某有名店で修業を積んだ後このお店に引き抜かれた、いわゆる雇われ店長で、バックにはやり手のオーナーがいます。

　ここでこっそり、内部の事情をお伝えしましょう。このパン 1 個あたりの材料費は 20 円。主な材料は、強力粉、バター、イーストなどです。これらは冷蔵庫で適切に保管しておけば、しばらくは日持ちしそうです。ですので、もし 1 か月間パンを 1 個も作らなかった場合、このパン屋ではその月の材料費は発生しない（0 円）と仮定したいと思います。反対に、パンをたくさん作ってたくさん販売すれば、その個数が増えるごとに材料費も多く発生します。このように、作ったり販売したりする数量が増えるにつれて、かかるお金も増えていく費用のことを「変動費」といいます。

　このとき、1 個 20 円で作ることができるパンの売値が 100 円ですので、1 個あたりの利益は 80 円といえます。1 個売れば 80 円も儲かると聞いて、なかなか良い商売じゃないか！　と思われたかた、ちょっと待ってください。パン屋を営業するためにかかる費用は、これだけではないのです。

5-5.　忘れてはいけない固定費の存在

　実はこのパン屋を営業するためには、店舗の家賃や店長・従業員の固定給などで、月 70 万円もの費用がかかっていました。しかもこの費用、例えば 1 か月間パンが 1 個も売れなかったとしても、70 万円という決まった金額を支払わなければなりません。このように、商品の売れ行きなどには関係なく、必ず一定額が発生してしまう費用のことを「固定費」といいます。

　先ほど、パン 1 個あたりの利益（パンの売値 − 変動費）は 80 円ということがわかりましたが、この 80 円の利益をたくさん積み重ねて、固定費の 70 万円をきっちりと支払うことができたら、ようやく赤字も利益も出ないポイント（損益分岐点）に辿り着くことができるのです。

5-6. 何個売ったら赤字を回避できるのか

　では、このパン屋はひと月に何個のパンを販売することができれば、損益分岐点に到達するのでしょうか。これを式で表すと次のようになります。

$$損益分岐点の販売数＝固定費 \div 1 個あたりの利益$$

　この式は、何個のパンを販売すれば、1 個あたりの利益の累積で固定費を全額回収できるのか、つまり 1 個あたりの利益を何回積み重ねていけば、固定費をきっちり全額支払うことができるのか、ということを表しています。では、先ほどのパン屋の数字を当てはめてみましょう。

$$損益分岐点の販売数＝ 70 万円 \div 80 円＝ 8,750 個$$

　出ました。1 か月間で 8,750 個のパンを販売すれば、損益分岐点に達するようですね。1 個あたりの利益（80 円）を 8,750 回積み重ねていくことで、70 万円の固定費をきっちり支払うことができます。裏を返すと、もし 8,750 個売れなければ固定費の支払いができず、その足りない分が赤字になってしまうということです。ちなみに、このときの売上高は次のようになります。

$$損益分岐点の売上高＝ 100 円（売値）\times 8,750 個＝ 87 万 5,000 円$$

　金額にして 87 万 5,000 円の売上を達成することができれば、かかった変動費と固定費をすべて回収できるということですね。

5-7. 目標とする利益を達成するために

　ある日、オーナーがお店にやってきて、店長にこういいました。「赤字を出さずにこれまで営業できていることは素晴らしい。これからは、毎月 50 万円の利益を確実に出してもらえないだろうか」と。店長は困りました。50 万円の利益を達成するための目標販売数は、どのように設定したらよいのでしょう

か。

　実は、これも損益分岐点分析の考え方で対応することができるのです。先ほどは、1 個あたりの利益を何回積み重ねていけば、固定費を全額回収できるのかを考えました。しかし今度は、固定費の 70 万円を回収するだけではだめです。固定費を回収し切って、さらに 50 万円の利益を出さなければなりません。であれば、回収しなければならない固定費の金額に、目標とする利益の金額をはじめから上乗せしておいて、その合計金額を 1 個あたりの利益の積み重ねで回収すればよいのです。これを式で表すと次のようになります。

$$目標販売数 ＝（固定費 ＋ 目標利益）÷ 1 個あたりの利益$$

これに、パン屋の数字を当てはめてみましょう。

$$
\begin{aligned}
目標販売数 &＝（70 万円 ＋ 50 万円）÷ 80 円 \\
&＝ 120 万円 ÷ 80 円 \\
&＝ 1 万 5,000 個
\end{aligned}
$$

　分析の結果、毎月の目標販売数は 1 万 5,000 個となりました。ひと月に 30 日間お店を開けたとしても、1 日あたり 500 個です！　なかなか大変ですね。

5-8.　利益が最大になる値段の決定

　その後、パン屋の営業は順調で、毎月の目標利益もなんとか達成し続けています。そんななか、再びオーナーがお店に現れ、店長にこういいました。「もっともっと利益を出して欲しい。例えば、パンを少し値上げしたらどうだろうか」と。店長は、「ライバル店を調査した限り、値上げをしたとしても 1 個の売値は 120 円が限界でしょう。さらに、値上げをすればするほど、販売数は大きく減ってしまいます」と、できるだけの抵抗を見せました。

　では、パン 1 個の売値をいくらにすれば 1 か月間の利益が最大になるのでしょうか。店長は、お客さんへのヒアリングや市場調査をおこなった結果、値

上げをした場合の販売数への影響を次のように予測しました。

- 1 個 100 円（現状）…　1 万 5,000 個／月
- 1 個 110 円に値上げ…　1 万 4,000 個／月
- 1 個 120 円に値上げ…　1 万 1,000 個／月

「収益－費用＝利益」の式を、「売上－変動費－固定費＝利益」に変形させ、それぞれのプランにおける利益を計算してみると、次のようになります。

　1 個 100 円（現状）
　利益＝売上－変動費－固定費
　　　＝ 100 円× 1 万 5,000 個－ 20 円× 1 万 5,000 個－ 70 万円
　　　＝ 150 万円－ 30 万円－ 70 万円
　　　＝ 50 万円

　1 個 110 円に値上げ
　利益＝売上－変動費－固定費
　　　＝ 110 円× 1 万 4,000 個－ 20 円× 1 万 4,000 個－ 70 万円
　　　＝ 154 万円－ 28 万円－ 70 万円
　　　＝ 56 万円

　1 個 120 円に値上げ
　利益＝売上－変動費－固定費
　　　＝ 120 円× 1 万 1,000 個－ 20 円× 1 万 1,000 個－ 70 万円
　　　＝ 132 万円－ 22 万円－ 70 万円
　　　＝ 40 万円

　1 個 110 円に値上げした場合は、現状よりも利益が 6 万円増えそうですが、1 個 120 円に値上げした場合、販売数が激減するとの予想が響き、逆に 10 万

円も利益が減ってしまうという分析結果になりました。店長は、いままでのお客さんとの信頼関係やライバル店の状況も考慮しながら、断腸の思いで 10 円の値上げを決行することにしました。

5-9.　このコーヒーは販売するべきか？

　それからしばらくの月日が流れました。お客さんは値上げを受け入れてくれたようで、毎月の目標はどうにか達成することができています。しかし、月によってはギリギリの状況で、店長はプレッシャーのせいか眠れない日が続くようになりました。

　そこで、店長はあることを思いつきます。レジ横の一角でコーヒーを販売したらどうだろうかと。お客さんにアンケートをとってみたところ、もしコーヒーの販売をはじめたら、ひと月の販売数は 500 杯を見込めそうです。試作段階で、コーヒーの材料費は 1 杯あたり 10 円。市場調査によると、売値は 1 杯 100 円が現実的のようです。仮に売値を 100 円に設定した場合、1 杯あたりの利益は 90 円（100 円 − 10 円）になります。店長は、メインのパンよりも 1 単位あたりの利益が大きいコーヒーが、お店の経営を助けてくれるのではないかと考えたのです。

　しかし、オーナーの立ち合いのもと詳細なオペレーションを考え直してみると、材料費とは別に、ホット＆コールド対応のコーヒーマシン兼自動販売機のレンタル代として、毎月 5 万円が必要だということがわかりました。これは、パンの製造・販売には一切使用されない機器です。このように、その製品や部門だけのために使われる固定費のことを「個別固定費」といいます。

　では、この個別固定費も考慮しながら、本当にコーヒーがお店の経営を助けてくれるのか分析してみましょう。この場合、「貢献利益」という考え方が重要になってきます。貢献利益とは、全体の固定費の回収に貢献することができる、その製品や部門の利益のことです。今回新たに販売を検討しているコーヒーの貢献利益が大きければ大きいほど、パン屋全体の固定費の回収が早まり、利益が出やすくなるといえます。コーヒーの貢献利益は、次のように計算します。

貢献利益 ＝ 1杯あたりの利益 × 販売数 − 個別固定費

  ＝ 90円 × 500杯 − 5万円

  ＝ 4万5,000円 − 5万円

  ＝ △5,000円

　なんということでしょう。コーヒーの貢献利益はマイナスです。つまり、パン屋全体の固定費の回収に貢献できないばかりか、パンで稼いだ利益を食い潰す存在になるところだったのです。もちろん、シナジー（相乗効果）を発揮し、パンの売上が増える可能性もありますが、会計的にはコーヒーの販売は早計と判断することができ、店長はこの計画になんらかのテコ入れをする必要がありそうです。店長とオーナーとの会計談義は、これからもまだまだ続きそうですね。

6. 新しい会計の世界へ

6-1. 会計は意外と身近に

　以上、商業の発展と会計の役割について、財務会計と管理会計の2つの視角から簡単にご紹介させていただきました。なかには、「会計」と聞くだけで耳を塞ぎたくなるというかたもいらっしゃったかも知れませんが、ここまで読み進めてくださったことを嬉しく思います。

　会社では、過去の財務情報や将来予測に基づいて、経営計画というものが策定されます。それが全社の営業予算として具体的な数値目標となり、部・支店の予算が決まり、次に課・チームの予算が決まり、最終的に営業担当者個人の予算へと落とし込まれていきます。もちろん、大元となる経営計画が策定される際には、投資家や債権者をはじめとする利害関係者の興味・関心の目が意識されていることはいうまでもありません。

　さらに、内部的な会計情報を利用してさまざまな計算・分析がおこなわれ、その結果をもとに商品の値段を考えたり、業績評価に役立てたり、設備投資に関する意思決定をしたり、経営計画の策定につなげたりといったことがなされ

ています。

　このように、財務会計と管理会計は密接に絡み合い、思いの外、皆さんの
生産活動や消費活動にも多大な影響を与えているのです。

6-2.　会計の仕事は将来なくなるのか

　本章の最後に、読者の皆さんにお伝えしたいことがあります。2013 年、オッ
クスフォード大学のM.A.Osborne（M.A.オズボーン）らが、「10 年後になく
なる仕事」を発表し、世間を賑わせたことは記憶に新しいところでしょう。そ
のなかで、実は会計に関する仕事もあげられていたことをご存じでしょうか。
どうか、これまでさんざん会計の話をしてきてなんと無責任な！　と怒らない
でください。

　筆者は今後、人工知能（AI）の技術がさらに進歩しても、会計の仕事は絶
対になくならないと考えています。むしろ、高度な会計知識に加え、一定の情
報リテラシーを兼ね備えた人財は、これまで以上に重宝されるようになると確
信しています。なぜ、そういい切れるのか？　会計の仕事は、AIにすぐに取っ
て代わられるほど単純なものではないからです。

　たしかに、仕訳や計算、決算書の作成などの機械的な作業は、疲れ知らず
のAIにシフトし、人間が介入する部分はほとんどなくなってしまうでしょう。
しかし、そのようにして作成された決算書は、途中のプロセスがブラックボッ
クス化してしまう恐れがあります。決算書をつくったAI自身も、なぜその結
果が導き出されたのかを知りません。

　では、そのなかから真に役立つ情報を読み取り、数字の裏側にある個々の
取引や事象にまで思いを巡らせ、自分の考えをもち、意思決定をおこない、結
果に対する責任をとるのは誰でしょう。あるいは、決算書に表れない会社内外
の環境や時代の趨勢を敏感に察知し、それらと財務情報を組み合わせて統合的
な判断をおこなうのは誰でしょう。このような高い創造性と強い責任感が求め
られる仕事は、私たち人間にしかできないのです。

　奇しくも本書の出版は、オズボーン氏らの論文が発表されてちょうど「10
年後」というタイミングになりましたが、実際に会計に関する仕事の求人はい

まも世のなかに溢れていますし、筆者の教え子たちも「考える会計プロフェッション」を目指し、日々逞しく成長なさっています。もし、読者の皆さんのなかに少しでも会計の世界に興味をもってくださったかたがおられましたら、臆することなくまずはその門戸を叩いてみてください。扉の向こう側にはきっと、これまでみえていなかった新しい未来が広がっていることと思います。

（執筆者：上田）

《 推薦図書 》

➤ 金子智朗（2023）『教養としての「会計」入門』日本実業出版社
➤ 國貞克則（2011）『ストーリーでわかる財務3表超入門』ダイヤモンド社
➤ 桜井久勝・須田一幸（2023）『財務会計・入門〔第16版〕企業活動を描き出す会計情報とその活用法』有斐閣

注

i　ルカ・パチョーリ（Luca Pacioli）を簿記の発明者とする記述も一部において見受けられるが、彼は世界ではじめて印刷書のなかで複式簿記を紹介し、その技術の伝播に貢献した人物である。

ii　この例をBさん側の立場で考えた場合、「Aさん帳」の貸方に100円、「現金帳」の借方に100円の記入がおこなわれることになる。

iii　この他にも、両替商の帳簿記録や政庁財務官の帳簿記録を起源とする説も有力であるが、いずれにしても中世イタリアの各都市国家において、相互に影響を受けながら同時発生的に生成されていったと考えられている。

iv　「借方」および「貸方」の日本語表記は、福澤諭吉が「debit」および「credit」を左右同じ配置のまま翻訳したものである。

v　1673年にフランスで制定された「ルイ14世商事王令（通称・サバリー法典）」が、世界初の法による定期決算の要求である。

vi　学習の便宜上「勘定式」を掲載しているが、実務においては「報告式」という形式が用いられることが一般的である。

第9章
アントレプレナーシップと教育

はじめに

　日常生活のなかで「イノベーション（innovation）」という言葉をどこか、あるいはなにかしらで見聞きされたことが１度はあるでしょう。日本ではこれを「技術革新」と翻訳することが多いですが、本書では「経済活動におけるさまざまな要素（資源・設備・知識・技術など）をそれまでとは異なる形で結合し、新たな価値を生み出すこと」と捉えて話を進めていきます。これは、“イノベーションの父”と呼ばれるJ.A.Schumpeter（J.A.シュンペーター）の定義に基づく考え方です。

　では、これだけ科学技術が進歩し、目覚ましいほどの経済発展を遂げた現代社会において、いまなおイノベーションは必要なのでしょうか？　実は、イノベーションの目的は「新たな価値を生み出すことで、世のなかをより良いものにしていくこと」です。つまりイノベーションにはゴールがなく、いつの時代においても世のなかから必要とされ続けているものなのです。そして、その過程では「創造的破壊」という痛みを受け入れる必要があるということも付け加えておきたいと思います。

1. 新しさと価値の創出

　今日における私たちの便利で豊かな生活は、イギリスで起こった産業革命を皮切りに先人たちが起こし続けてきたイノベーションの賜物だということは、紙幅を割いて説明するまでもないでしょう。一方そのなかで、繁栄を極め

ては衰退を辿っていった業界・企業が数知れず存在することもまた事実です。いまの私たちのくらしは、イノベーションの波に飲まれ憂き目にあった業界・企業、そしてそこで働いてきた人びとの汗と涙のうえに成り立っている、ということを決して忘れてはいけないのです。

　しかし現実的な問題として、人口趨勢や産業構造の変化、地球環境の悪化、感染症の蔓延など幾多の課題と向き合い、そのなかで新たな雇用を創出しながら経済を持続的に発展させていくためには、創造的破壊を伴うイノベーションが必要不可欠なのです。

1-1.　イノベーションの実現

　そのときどきの社会的な課題を解決するために、あるいはまだ顕在化していないニーズを喚起して、世のなかに新たな価値を提供しようとするイノベーションですが、そこには当然、新たなビジネスチャンスがもたらされることになります。なぜならば、「新たな価値」は「新たな経済的付加価値」、つまり「お金を生み出す力」と読み替えられるからです。したがって世のなかの企業には、自社が得意とする事業領域でイノベーションを起こすことで、「社会的課題の解決」と「経済的価値の追求」を両立させよう、といったモチベーションが生まれるのです。これは、第3章でご紹介したCSVにつながる考え方です。

　ではいまこの瞬間、ある1個人（ここでは仮にタカシ君としましょう）が、なんらかのイノベーションにつながりそうな画期的なアイデアを閃いてしまったとして、どのような行動を起こせば、それを実現することができるのでしょうか？もし、タカシ君が身を置く環境に「アイデアをカタチにできそうな部署に異動希望を出しても叶わない」とか、「そもそもまだ学生だからなにもできない」といった諸事情がある場合、そのアイデアを諦めるしかないのでしょうか。

　もしかすると、彼がなにも行動を起こさなくとも他の誰かが同じアイデアを思いつき、5年後にイノベーションを起こしてくれるかも知れません。でも、タカシ君がそれを実現するための適切な方法を知っていた場合、たった3年間で劇的なイノベーションを起こせるとしたら……その差2年間という時間

は、彼が新たなビジネスチャンスを掴めなかったことによる個人的な機会損失
以上に、実は社会全体にとって非常に大きな損失なのです。

　そこで本書では、個人のなかに芽生えたイノベーションの花を咲かせるた
めの、3つの選択肢をご紹介することにしましょう。皆さんも、ご自身の立場
に当てはめて一緒に考えていただければと思います。

1-2.　社内ベンチャーの活用

　まず1つめにあげるのが、すでに存在する企業の新規プロジェクトとして
「社内ベンチャー」を立ち上げるという選択肢です。この方法には、企業がこ
れまで構築してきた経営資源やノウハウ、利害関係者との信頼関係を利用する
ことで、比較的低いコストで研究開発や生産が可能になるというメリットがあ
ります。また、その新規プロジェクトが本当にイノベーションとして結実する
かどうかは誰にもわかりませんが（この不確実性の度合いことを「リスク」と
いいます）、そのリスクを受容するのはあくまでも企業自身であり、プロジェ
クトリーダーだけがすべての責任をとらされる、ということも基本的にはあり
ません。

　しかし、現在お勤めをされているかたであればお察しのとおり、この方法
にはさまざまな制約もあります。企業に勤務する従業員は、常に多くの業務を
抱え慌ただしい日々を過ごしています。そのような状況のなかで、掛け持ち的
な社内ベンチャーを立ち上げることができたとしても、クリエイティブな思考
に必要な時間を捻出するのが難しいばかりか、既存の組織文化や風土、あるい
は取引先や同業他社などからの影響を色濃く受けることで、創造的破壊を伴う
イノベーションが起こりにくくなってしまうのです。

　また、仮に企業が提供してくれた環境下で新しさと価値の創出に成功した
とき、その製品やサービスについての知的財産権は、基本的に当該企業に帰属
する（これを「職務著作」や「職務発明」といいます）ことも理解しておく必
要があります。こんなはずではなかった……ということにならないようあらか
じめ就業規則などを確認し、場合によっては契約書により企業との取り決めを
交わしておく、といった対策も検討しなければなりません。

1-3. スタートアップに飛び込む

　次に、創業して間もない企業、いわゆる「スタートアップ」に就職するという選択肢です。近年、新規卒業後の進路としてスタートアップを選び、自己実現を目指すという若者が増えています。そもそもスタートアップは、多くの場合、イノベーションを起こすことを目的に創業していますし、伝統的な既存企業に比べると、上述したようなしがらみも少ないことから、イノベーションを起こすための環境としての優位性は高いです。

　また、若くしてスタートアップに就職し、万が一その企業が倒産してしまったとしても、年齢が高い人よりも次の進路を切り開きやすい、ということもいえるでしょう。なにをもって「失敗」とするかは別の議論になりますが、若い人こそ、失敗経験を糧にして次の成長につなげることができるのです。

1-4. 起業という道

　そして、もう1つの選択肢としてご紹介するのが「起業」です。近年、SNSなどで活躍するインフルエンサーたちが次々に自身の会社を立ち上げるなど、多様な働き方を求める世代のなかで、起業というものはさして珍しいものではなくなったように思います。たしかに、高校で良い成績を残して、良い大学に入り、良い会社に入れば一生安泰、といった考えは時代にそぐわなくなったと感じますし、そもそもなにをもって「良い」とするのか？　という問いは、ダイバーシティ＆インクルージョンの取り組みのなかでも改めて考え直されつつあります。

　とはいえ、各種教育機関を卒業した直後の進路として、起業を宣言する人はまだまだ少数派です。それは、「皆と同じことが正しい」といった文化が根強い日本だからということも考えられますが、わが国の起業についての教育が、他国と比べて遅れをとっているからという理由もあります。「起業することが怖い」のではなく、「知らないから怖い」というのが、本当のところではないでしょうか。

　ここからは、そのような読者の皆さんに向け、起業という選択肢に焦点をあてた話を進めていきたいと思います。

2. アントレプレナーシップ

　昨今、「アントレプレナーシップ（entrepreneurship）」という言葉を耳にする機会が増えたというかたも多いのではないでしょうか。この言葉は「起業」に関連する用語として、「起業家精神」などと和訳されますが、本来の意味は「既存の環境にとらわれることなく、新たな価値を追求する姿勢や心構え」のことです。ここで最も強調しておきたいことは、アントレプレナーシップは、あくまでも「姿勢」や「心構え」だということです。つまり、性別や年齢、持って生まれた才能などとは関係なく、訓練や教育によって身につけることができるものなのです。

　実は、アントレプレナー（entrepreneur）自体は、「さまざまな状況に直面した際に意思決定をおこなう人」という意味で使われはじめました。その点に鑑みてもアントレプレナーシップは、起業を考えている人だけに必要とされるものではなく、極めて不確実性の高い現代社会において、自分自身と家族を守り生き抜くために、誰しもが備えておくべき姿勢や心構えともいえるでしょう。

2-1. イノベーションとの関係

　アントレプレナーシップがなぜ重要なのか？　と問われたら、その答えは明快です。アントレプレナーシップが、イノベーションを起こすための原動力になるからです。私たちのくらしを支えているすべての製品やサービス、それを提供してくれている産業自体も、突き詰めてみると、さまざまな課題を解決しようとした先人たちのアントレプレナーシップによってもたらされたイノベーションをルーツにもっているのです。

　ここで、アメリカのテクノロジー業界の巨人、「GAFAM」に注目してみましょう。この企業群を構成する 5 社は、それぞれ画期的なイノベーションを起こし、まさに目を見張る成長を遂げてきました。そして驚くべきは、会社設立時のアントレプレナーたちの年齢です。Google は L.E.Page（L.E.“ラリー”・ペイジ）と S.M.Brin（S.M. ブリン）がともに 25 歳のとき、Amazon はジェフ・

ベゾスが29歳のとき[i]、Facebookはマーク・ザッカーバーグが19歳のとき[ii]、Appleはスティーブ・ジョブズが21歳のとき、Microsoftはビル・ゲイツが19歳のときに会社を立ち上げているのです。

　現在、この5社の製品やサービスを1つも利用せずに生活している人類はほとんどいないのではないでしょうか。私たちの生活は、彼らの若きアントレプレナーシップによって実現したイノベーションのうえに成り立っているといっても決して過言ではないのです。

2-2. アントレプレナーの動機

　先述のように、イノベーションは世のなかに新たなビジネスチャンスをもたらします。そしてイノベーションを起こした主体は、多くの場合、経済的なリターンを享受することになります。そのため、ともすれば「アントレプレナーは、経済的なリターンの獲得を第1の目的としているのか？」といった議論に発展しそうです。もちろん、給与所得者よりも高い収入を得たいというのは、アントレプレナーにとっての立派なモチベーションになりますし、著作者や発明者たちの正当なインセンティブを法的に保護してきた歴史は、確実に世のなかのイノベーションを促進してきました。しかし、アントレプレナーの動機が経済的リターンだけなのかというと、一概にはそう断定できない状況があるのです。

　いくつかの先行研究によると、実はそのようなモチベーションよりも、「夢の実現」や「創造の喜び」といったような、むしろ非経済的な動機づけによって起業まで突き動かされたアントレプレナーのかたが多い、ということが明らかになってきています。つまり、経済的には決して合理性が高いとはいえないアントレプレナーシップのおかげで、数々のイノベーションが生み出され、世のなかがより便利で豊かになっていったということになります。そして、たとえ副次的であったとしても、成功したアントレプレナーたちには、大なり小なりの経済的リターンがもたらされていることは想像に容易いでしょう……。

3.　アントレプレナーへの第 1 歩

3-1.　事業計画書を作成しよう

　「事業計画書（business plan）」とは、アントレプレナーが頭のなかで思い描く新事業のあらすじを、組織内外の人に伝達するために作成される書類のことです。「内外」といったとおり、事業計画書は、創業メンバー間で目的意識を共有する際の指針となる他、投資家や銀行などから出資や融資を受けようとする際に重要な役割を果たすものです。

　その重要さゆえ、世のなかには「事業計画書の書き方マニュアル」なるものが多数存在しますが、この計画書を作成するうえで肝要なのは、マニュアルどおりの形式にこだわることではなく、読み手側の立場とニーズを理解し、その心に響くよう情熱と意気込みを伝えることができるかという点です。つまり、この計画書の読み手が、一緒に働きたいと考えるメンバーの候補者なのか、あるいは事業の将来性を信じてお金を託してくれそうな人なのか、といったことを意識しながら、自らのアイデアから導かれる最高の成功パターンを思い描くことが大切なのです。

　もちろんプランニングの段階では、その時点での人員や設備、資金力などから事業の限界点を見定める必要はありません。計画書に示した最高のストーリーを実現するための姿勢や心構えこそがアントレプレナーシップなのですから、足りないものがあれば集めていけばよいのです。

　では次に、事業計画書の構想を深めたアントレプレナーがビジネスのスタートラインに立つための第 1 歩、「会社のつくり方」をご紹介していきましょう。

3-2.　選べる会社の種類は 4 つ？

　実は新しい会社をつくること自体は、必要な手続きさえ踏めばさほど難しいものではありません。現在の会社法のもとで設立することができる会社は、「株式会社」「合同会社」「合資会社」「合名会社」の 4 種類です。4 つもあるな

図表9-1　会社の形態と出資者の責任範囲

	株式会社	合同会社	合資会社	合名会社
責任範囲	有限	有限	有限／無限	無限

んて、選べないよ！　と思われるかも知れませんが、実質的には「株式会社」か「合同会社」の二択になる場合が大半でしょう[iii]。その理由は主に、出資者の責任範囲が「有限責任」なのか「無限責任」なのかといった違いに起因します（図表9-1）。

「有限責任」とは、読んで字の如く、会社にお金を出す人（出資者）が背負う責任には上限があるという意味です。その上限とは、当人が会社に出資した金額までです。有限責任の条件のもとアントレプレナー自身が出資をして立ち上げた会社が、仮に多額の借金を抱えて倒産してしまったとします。しかし、出資者が負う責任は出資金額までという決まりがあるため、このアントレプレナーが出資者として借金を肩代わりする必要はありません（ただし、借金の連帯保証人となっている場合、連帯保証人としての債務を負うことになります）。このように、会社債務に対して自身の出資金額までの責任を負う出資者のみで構成されるのが、株式会社と合同会社なのです。

一方、「無限責任」の条件のもとでは、出資者の責任範囲は文字どおり無制限となりますので、先の例のアントレプレナーは出資金額のすべてを失ってもなお、会社の借金が残っている限り、弁済の義務を負うことになります。このしくみを採用しているのが、合資会社と合名会社です[iv]。

したがって実務では、次節にてご紹介する資金調達の方法の違いによって、株式会社か合同会社のどちらの会社形態を選択するべきか判断されるとよいでしょう。

3-3.　立ちはだかる資金調達の壁

ビジネスの世界に飛び込むにあたって、必ず乗り越えなければならない壁があります。そう、お金に関する問題です。人生において、決してお金がすべてではありませんが、これからビジネスをはじめるときには、どうしてもある

程度のまとまったお金が必要です。なぜならば、その人がどんなに素晴らしい知識や技術の持ち主であったとしても、誰からも慕われ尊敬される人格者であったとしても、必ずしもそれがビジネスにおける信頼につながるとは限らないからです。よく「金の切れ目が縁の切れ目」といわれますが、それぞれがそれぞれの思惑をもって、シビアな意思決定を繰り返していくビジネスの世界では、相手が信頼できる人物かどうかを「能力適性検査」や「性格診断テスト」で判断している余裕などありません。非情と思われるかも知れませんが、「お金をきちんと支払えるのか」ということで判断する他ないのです。

　つまり、ビジネスで信頼を積み重ねていくための手段として、まずはある程度の資金を調達することが必要であり、その段階を経てようやく、アントレプレナーはビジネスのスタートラインに立てるのです。では、彼らはどのようにしてお金を集めていけばいいのでしょうか。

（1）身内・仲間での資金調達

　資金調達には、大きく分けて2通りの方法があります（図表9-2）。まず、最も現実的な方法として考えられるのが、自分たちのお財布からお金を出すことです。これを「内部調達」といいます。もし、これまでコツコツと貯めてきたへそくりがあればそれを使うのもよし、身内に協力をお願いするというケースも考えられるでしょう。共同創業者になってくれる仲間がいればより心強いですね。

　基本的には起業を考える際、多かれ少なかれ、アントレプレナーは自分たちのお財布からお金を出すことになります。先ほど触れたとおり、有限責任の形態で会社を設立した場合、出資者としての責任範囲は、当人の出資金額までとなります。

（2）他人からの資金調達

　自分たちのお財布だけでは十分な資金が用意できそうにない場合、身内や仲間以外、つまり他人からお金を出してもらう必要が出てきます。これを「外部調達」といいます。この外部調達にもさまざまな方法がありますが、ここで

は資本による調達と、負債による調達とに分けてご紹介していきましょう。

　資本による調達とは、株式と引き換えに投資家からお金を出資してもらうことです。これは、株式会社のみが選択可能な資金調達の方法です。会社にお金を出資した投資家は、株主という立場になります。株主はその会社の持ち主（オーナー）ですので、資本による調達は、他人からお金を出してもらう代わりに、その会社の所有権を切り売りする行為です。株主には、会社の最高意思決定機関である「株主総会」での議決権が与えられますので、彼らは会社の重要な事項に口出しをすることができるようになります。せっかく苦労して立ち上げた自分の会社ですので、急に他人から横槍を入れられるのはちょっとだけ複雑な気持ちになりますよね……。しかし実は、この方法による資金調達は、アントレプレナーにとって大いにメリットがあるのです。

　上述のとおり、資本による資金調達は、会社の持ち主を募る行為です。投資家が株主として会社の事業に参画してくれるということは、会社の運命共同体になってくれることと同義ですので、彼らに対する出資金の返済期限などはありませんし、もし事業がうまくいかず倒産してしまったとしても、彼らに対する弁済の義務も生じません。この場合、株主は出資した金額のすべてを失ってしまう代わりに、自分が出資した金額以上の責任を負う必要もありません（これを有限責任といいましたね）。このように、返す必要のないお金を他人から提供してもらえるということは、イノベーションの実現を目指すアントレプレナーにとって、非常にありがたいことなのです。

　一方、負債による調達は、銀行などからの借り入れや社債の発行によって、他人からお金を融資してもらうことを指します。これはどちらも借金ですので、「いついつまでに返済します」という約束を取り交わす必要があります。そして万が一、会社が倒産してしまった場合、残っている財産があればそれを処分し、まずは融資をしてくれた債権者に対して優先的に弁済をしなければなりません。

　この方法による資金調達は、株式会社に限らず、すべての形態の会社で選択することができますが、合同会社などに比べると株式会社のほうが順守すべき法律や規制が多い分、必然的に社会的な信用度が高まり、融資を受けやすく

なります。このような点も、会社形態を選ぶ際に考慮しておくとよいでしょう。

(3) 外部調達は上手に活用すべき？

　資本もしくは負債による資金調達は、その方法の違いはあるにせよ、他人からお金を集めてくることに変わりありませんので、当然ながらコストが発生します。前者において生じるコストを「株主資本コスト」、後者において生じるコストを「負債コスト」といいます。

　株主資本コストの具体例としては「配当」があげられます。第8章でご紹介したとおり、株式会社の経済活動の結果として利益が生じれば、その一部を配当として株主に還元することになります。出資を考えている投資家たちは、1つはこの配当を期待して株主になってくれますので、配当は資本調達をおこなううえで必要なコストです。ただ、配当を出すか否かは、業績に応じて会社側が判断することができますので、ある程度はコントロール可能なコストといえます。

　一方、負債コストの具体例は「利息」です。負債調達は返済期限が定められた借金ですので、一定期間、他人のお金を拘束することになります。そこで融資を受ける側は、その対価として利息を支払わなければなりません。融資する側は、別の手段でお金を運用することによって得られたであろう利益を捨てて（これを「機会費用」といいます）お金を貸してくれているということになりますので、その分の埋め合わせをしてあげるイメージです。

　特に創業間もない会社では、まだまだ世間からの信用度が低いため、元本に対する利息の割合（これを「利率」といいます）は高く設定されるケースがほとんどです。そうでなければ、誰も融資をしてくれませんので、スタートアップの不確実性に起因するデメリットを上回る魅力的な利息を支払うことは、負債調達をおこなううえで必要なコストなのです。

　ところでこの利率は、借り入れをおこなったり社債を発行したりする際にあらかじめ約束しておくものですので、会社業績のいかにかかわらず必ず支払わなければなりません。そのため、創業後もしばらくは設備投資などが続く一

図表9-2　資金調達の方法

		お金を出す人	返済の義務	調達コスト
内部調達		自分・身内など	—	—
外部調達	資本	株主（投資家）	なし	配当
	負債	銀行など	あり	利息

方で、利益の獲得を見通すことが難しいスタートアップにとっては、負債コストは想像以上に大きな負担となる可能性があります。

　したがってアントレプレナーは、できる限り負債調達以外の方法で資金を賄ったほうが、イノベーションの実現に集中することができるでしょう。しかし、だからといって資本調達ばかりを推し進めると、会社の所有権がどんどん切り売りされていきますので、気づいたときには自分の会社ではなくなっていた、ということになってしまいます。

　このように、外部調達には必ずコストが生じますし、株主や債権者の顔色をうかがいながらビジネスを進めていく必要性も出てきます。それに比べると、内部調達がいかに穏やかな方法なのかお気づきになったかと思いますが、高い確率で事業の成功が見込まれる場合、外部調達のコストだけが原因で起業を諦めてしまうのは実にもったいないことです。実際、多くのアントレプレナーたちは、内部調達と外部調達のバランス、それから外部調達のなかでも資本と負債のバランスをしっかりと考えながら、夢を実現させていっているのです。

3-4. 利害関係者とのコミュニケーション

　アントレプレナーは厳しいビジネスの世界に裸一貫で飛び込み、さまざまな立場の利害関係者とコミュニケーションを図りながら、会社を成長させていかなければなりません。その際、事業計画書を作成するうえで大切だとお伝えした「情熱」や「意気込み」だけでは円滑な意思疎通は望めません。これらは他人にとってはなんら裏付けのないものであり、客観的な評価をすることが難しいからです。

　そこで必要になるのが、第8章でご説明した「財務情報」なのです。繰り返しになりますが、財務情報は、会社のさまざまな経済活動をお金の価値に換算し、一定の会計ルールに従って作成されるものです。貨幣価値といった世界共通の尺度を使い、統一されたルールに基づいてつくられているからこそ、投資家や債権者をはじめとする利害関係者が意思決定をおこなうにあたっての客観的な資料となりうるのです。会計が「ビジネスの共通言語」といわれる所以はまさにここにあるのです。

4.　アントレプレナーシップを育むために

　1997年、通商産業省（現・経済産業省）内に設置されたアントレプレナー教育研究会は、アントレプレナーシップを「あらゆる業種や職種に共通して必要とされる資質」とし、学校教育の現場から起業家マインドを醸成していくことの必要性を唱えてきました[vi]。そして近年では、文部科学省も一丸となってアントレプレナーシップ教育を推進してきた結果、わが国の高等教育機関において「アントレプレナーシップ論」といった科目が開講されるようになりました。

　いま、その教育プログラムが、初等・中等教育機関にも広がりをみせています。くわえて、地方公共団体や民間企業、非営利組織にも同様の波が押し寄せている状況に鑑みると、いまや日本全体がアントレプレナーシップ教育に注力しているといっても過言ではないでしょう。国際競争力が低下し、少子高齢化も加速するわが国において、「失われた30年間」からの完全脱却を図るべく、若き力によるイノベーションが渇望されているということです。

　従前のアントレプレナーシップ教育は、成功した起業家たちを招聘して、彼らのエピソードを聴講し、それを追体験するといった形式でおこなわれるのが主流でした。しかしそこには、その当人だけが持ち合わせた運やずば抜けたセンスといった、極めて個別的な（そもそもアントレプレナーシップとはいえない）要素も介在してしまうため、再現性の観点からは少し懐疑的な見方があったのも事実です。また、100年以上の歴史の積み重ねを有する経営学とい

う学問に比べると、比較的近年になって注目されはじめたテーマですので、十分に長い時間のなかで確立された理論が少ない、という問題点も存在しています。

したがって、イノベーションを目指すアントレプレナーたちは、まだ誰も経験したことのない真っ暗闇を進みながらも、最善と思われる意思決定を繰り返し、新境地を目指していかなければなりません。しかし、その道中で彼らを助けるのは、やはり「経営学」の理論なのです。本書でご紹介してきたさまざまな経営理論は、先達の成功経験と失敗経験から導かれた1種の「手引書」です。ただでさえ、右も左も分からない大海原に飛び込む者にとって、この手引書を参考にしない手はありません。経営学（あるいはその隣接領域である会計学）は、いつの時代においても、新たに生まれるビジネスのそばにあり、イノベーションとともに発展してきたのですから。

おわりに

たとえ大国を動かすことのできる権力者であっても、1秒先の未来を完全に予測することはできません。起業には、ビジネス上、財務上のさまざまなリスクがあります。しかし、リスクとは「不確実性の度合い」とご紹介したとおり、大きくマイナス方向に振れることもあれば、それ以上にプラス方向に振れることだってあります。だからこそ夢があるのです。未来のことは誰にもわかりませんが、過去の経験から学ぼうと思えば、それは誰にだって叶うはずです。経営学というフィルターを通して、リスクの実態を正しく把握することができれば、「わかったうえでリスクをとる」という判断ができます。これは、「知らないから怖い」からの大きな大きな進歩なのです。

そしてもう1つ、この世のすべてを手に収めるほどの大金持ちであっても、決して1秒前の過去に戻ることはできません。いま、皆さんが生きているのは、たった1度限りのかけがえのない人生です。どうか精一杯、「自分だけの人生」を切り開いて、思うように生きて欲しいと思います。本書でお伝えしてきた内容は、これまでの数多くのアントレプレナーたちが積み重ねてきた汗と

涙の結晶です。次の 10 年、100 年、あるいはもっと先 ―― その時代において
ビジネスの手引書となる経営学の歴史を紡いでいくのは、もしかすると、いま
『これから経営学』を手にしているあなたかも知れません。

（執筆者：上田）

《 推薦図書 》

➢ 川島健司（2021）『起業ストーリーで学ぶ会計』中央経済社

➢ 忽那憲治・長谷川博和他（2022）『アントレプレナーシップ入門〔新版〕ベンチャー
　の創造を学ぶ』有斐閣

➢ 具承桓・森永泰史（2021）『イノベーション入門』新世社

注

i　　1993 年に「Cadabra.com」として設立され、翌年「Amazon.com」に社名変更。

ii　　2021 年「Meta Platforms.Inc」に社名変更。

iii　合資会社や合名会社にも、設立費用が安価であることや意思決定が迅速におこな
　　えるというメリットは存在するが、これらは合同会社でも享受できるため、現行
　　の会社法において合資会社や合名会社を設立する合理的意義を見いだすことは困
　　難である。なお、同法の施行以降、「有限会社」は新設することができなくなった。

iv　合資会社は、有限責任と無限責任の出資者が各 1 名以上必要となる。

v　　この両者のバランスは、第 8 章で登場した貸借対照表の右側部分に表示されるこ
　　とになる。ただし、「資本」には内部調達分も含まれる。

vi　アントレプレナー教育研究会（1998）。

参考文献

Aff (2020)「1 食品ロスの現状を知る」https://www.maff.go.jp/j/pr/aff/2010/(2022.9.8.)

American Marketing Association, https://www.ama.org/
the-definition-of-marketing-what-is-marketing/(2022.9.4)

Barnard,C.I. (1938) The Functions of the Executive, Harvard University Press.（山本安次郎・田杉競・飯野春樹［訳］(1968)『新訳 経営者の役割』ダイヤモンド社）

Bryan,F.R. "The Birth of Ford Motor Company", *Henry Ford Heritage Association*
https://hfha.org/the-ford-story/the-birth-of-ford-motor-company/ (2022.11.10.)

Burke,C.S., Sims,D.E., Lazzara,E.H. & Salas,E. (2007) "The Advantages and Limitations of Virtual Meetings and Virtual Teams"*Academy of Management Perspectives*. Vol.21,No.4,pp.60-79.

Chandler, Jr., A.D. (1962) *Strategy and Structure : Chapters in the History of the American Industrial Enterprise*, MA: M.I.T. Press.（三菱経済研究所訳 (1962)『経営戦略と組織』実業之日本社）（有賀裕子［訳］(2004)『組織は戦略に従う』ダイヤモンド社）

Chandler,Jr., A.D. (1977) *The Visible Hand － The Managerial Revolution in American Business －* , MA: The Belknap Press of Harvard University Press.（鳥羽欽一郎・小林袈裟治［訳］(1979)『経営者の時代：アメリカ産業における近代企業の成立（上・下）』東洋経済新報社）

Chaplin,C.S. (1936) *Modern Times*, (film), United Artists Corporation.

Commons,J.R. (1909) "American Shoemakers, 1648-1895: A Sketch of Industrial Evolution" *Quarterly Journal of Economics*, Vol.24, Issue1, pp.39-84.

Copley,F.B. (1923) *Frederick W. Taylor*: *Father of Scientific Management*, Vol.1 and 2, NY: Harper and Brothers Publishers.

Drucker,P.F. (1946) *Concept of the Corporation*, John Day Company.（上田惇生［訳］(2005)『企業とは何か その社会的な使命』ダイヤモンド社）

Drucker,P.F. (1954) *The Practice of Management*, Harper & Row.

Drucker,P.F. (1974) *Management: Task, Responsibilities, Practices*, Harper & Row.

Figler,H. & Bolles, R. (1999) *The Career Counselor's Guidebook*, Ten Speed Press.

Ford,H. in collaboration with Crowther, S. (1922) *My Life and Work*, NY: Doubleday, Page & Company.（加藤三郎［訳］(1924)『我が一生と事業：ヘンリー・フォー

ド自叙伝』文興院）

Ford,H. in collaboration with Crowther, S. (1926) *Today and Tomorrow*, NY: Doubleday, Page & Company.（稲葉襄［監訳］（1968）『フォード経営 ― フォードは語る ― 東洋経済新報社）

Ford,H. in collaboration with Crowther, S. (1931) *Moving Forward*, the publication of the Original (1930), published by William Heinmann at London.

Friedman,M. (1996) "A Positive Approach to Organized Consumer Action: The "Buycott" as an Alternative to the Boycott", *Journal of Consumer Policy*, Vol.19, Issue 4, pp.439-451.

Frey,C. & Osborne,M. (2013) *The Future of Employment: How susceptible are jobs to computerisation?* Oxford Martin Programme on Technology and Employment.

Goble,F.G. (1970) *The Third Force : The Psychology of Abraham Maslow*, NY: Grossman Publishers.（小口忠彦［監訳］（1972）『マズローの心理学』産業能率短期大学出版部）

Grönroos,C. (2007) *Service Management and Marketing: Customer Management in Service Competition, 3rd ed*. John Wiley & Sons.（近藤宏一［監訳］，蒲生智哉［訳］（2013）『北欧型サービス志向のマネジメント 競争を生き抜くマーケティングの新潮流』ミネルヴァ書房）

Grönroos,C. (2007) *In Search of a New Logic for Marketing*, John Wiley & Sons.（蒲生智哉［訳］（2015）『サービス・ロジックによる現代マーケティング理論』白桃書房）

Grönroos,C. (2015) *Service Management and Marketing: Managing the Service Profit Logic 4th ed*. John Wiley & Sons.

Hall,D.T. (1976) *Careers in Organizations*. Pacific Palisades. CA: Goodyear.

Human Mortality Database (HMD), *University of California, Berkley (USA) and Max Planck Institute for Demographic Research (Germany)*, www.mortality.org

Kaufman,B.E. (1993) *The Origins & Evolution of the Field of Industrial Relations in the United States*, NY : ILR Press.

Kim,W.C. & Mauborgne,R. (2015) *Blue Ocean Strategy: Expanded Edition*, Harvard Business Review Press.（入山章栄［監訳］，有賀裕子［訳］（2015）『[新版]ブルー・オーシャン戦略 競争のない世界を創造する』ダイヤモンド社）

Kotler,P. (2000) *Marketing Management: Millennium Edition, Tenth Edition*, Prentice-Hall, Inc.（恩藏直人［監修］，月谷真紀［訳］（2001）『コトラーのマーケティング・

マネジメント ミレニアム版』ピアソン・エデュケーション）

Levitt, T. (2007) *T. Levitt on Marketing: Harvard Business Review Anthology*, Harvard Business School Press.（有賀裕子［訳］（2007）『T・レビット マーケティング論』ダイヤモンド社）

Lusch,R.F. & Vargo,S.L. (2006) *The Service-Dominant Logic of Marketing: Dialog, Debate, and Directions*. M.E.Shape.

Maier,P. (1993) "The Revolutionary Origins of American Corporation," *The William and Mary Quarterly*, 3rd. Series, Vol.50, No.1, pp.51-84.（高嶋正晴［訳］（2001a）「独立革命期におけるアメリカ的法人の革命的諸起源（上）」立命館大学産業社会学会『立命館産業社会論集』第36巻第4号，pp.161-178. 高嶋正晴［訳］（2001b）「独立革命期におけるアメリカ的法人の革命的諸起源（下）」『立命館産業社会論集』第37巻第2号，pp.153-173.）

Maslow,A.H. (1970) *Motivation and Personality*, the second edition of Maslow (1954) New York : Harper & Row, Publishers, Inc.（小口忠彦［訳］（1987）『人間性の心理学 ― モチベーションとパーソナリティ ― 』産業大学出版部）

Maslow,A.H. (1971) *The Farther Reaches of Human Nature Motivation*, NY : The Viking Press（上田吉一［訳］（1973）『人間性の最高価値』誠信書房）

Mayo,G.E. (1933) *The Human Problems of an Industrial Civilization*. [Mayo (1986) of the reprint of Mayo (1933) NH : AYER Company Publishers, Inc.]（村本栄一［訳］（1969）『新訳 産業文明における人間問題』日本能率協会）

Mayo,G.E. (1945) *The Social Problems of an Industrial Civilization* ; including, as an appendix, MA : Division of Research, Graduate School of Business Administration, Harvard University.（藤田敬三・名和統一［共訳］（1951）『アメリカ文明と労働』大阪商科大学経済研究会）

McCarty,E.J. (1960) *Basic Marketing: A Managerial Approach*, Richard D. Irwin.

Mintzberg,H. (2007) *Calculated Chaos: Harvard Business Review Anthology*, Harvard Business School Press.（DIAMONDハーバード・ビジネス・レビュー編集部［編訳］（2007）『H.ミンツバーグ経営論』ダイヤモンド社）

Nadworny,M.J. (1955) *Scientific Management and the Union, 1900-1932：A Historical Analysis*, MA: Harvard University Press.（小林康助［訳］（1977）『新版 科学的管理と労働組合』広文社）

Nevins,A. and Hill,F.E. (1954) *Ford : The Times, The M a n, The Compny,* Chales

Scribner's Sons.

Porter,M.E, (1980) *Competitive Strategy*, The Free Press.（土岐坤・中辻萬治・小野寺武夫［訳］（1982）『新訂 競争の戦略』ダイヤモンド社）

Porter,M.E & Kramer,M.R. (2006) "Strategy and Society: The Link Between Competitive Advantage and Corporate Social Responsibility", *HBR*, December 2006.（邦訳「競争優位のCSR戦略」DHBR2008年1月号）

Porter,M.E & Kramer,M.R. (2010) "Creating Shared Value", *HBR*, September 2010.（邦訳「共通価値の戦略」DHBR2011年6月号）

Prosharing (2019)「人材育成の方法〜企業価値を最大化する人材の育て方〜」https://circu.co.jp/pro-sharing/mag/article/2505/(2023.4.15.)

Roethlisberger,F.J. and Dickson,W.J. (1939) *Management and the Worker*, MA : Harvard University Press.

Roethlisberger,F.J. (1941) *Management and Morale*.［Roethlisberger (1976) of seventeenth printing of Roethlisberger (1941) MA : Harvard University Press.]（野田一夫・川村欣也［共訳］（1969）『改訂版 経営と勤労意欲』ダイヤモンド社）

Schein,E.H. (1978) *Career Dynamics: Matching Individual and Organizational Needs*, Addison-Wesley Pub. Co.（二村敏子・三善勝代［訳］（1991）『キャリア・ダイナミクス』白桃書房）

Schein,E.H. (1993) *Career anchors: discovering your real values*, Pfeiffer & Co.（金井壽宏［訳］（2003）『キャリア・アンカー 自分のほんとうの価値を発見しよう』白桃書房）

Shostack,G.L. (1977) "Breaking Free from Product Marketing", *Journal of Marketing*, Aprill, pp.73-80.

Sloan,Jr.,A.P., edited by McDonald,J. with Stevens,C. (1963) *My Years with General Motors*, NY : Doubleday & Co.（田中融二・狩野貞子・石川博友［訳］（1990）『GMとともに：世界最大企業の経営哲学と成長戦略』ダイヤモンド社）

Sorensen,C.E. with Williamson,S.T. (1956) *My Forty Years with Ford*, NY: W・W・Norton & Company Inc.（高橋達男［訳］（1968）『フォード・その栄光と悲劇』産業能率短期大学）

Talent Management Lab「キャリアデザインとは？設計の3要素や手順、メリット・デメリットなどを徹底解説」https://www.talent-palette.com/TalentManagementLab/20201116_carrer/

(2023.4.15.)

Taylor,F.W. (1895) "A Piece-rate System: Being a Step toward Partial Solution of the Labor Problem, in Bobbs-Merrill Reprint Series in History (1989) Vol.327, pp.856-883. (上野陽一 [訳編] (1969)『新版 科学的管理法』産業能率短期大学出版部)

Taylor,F.W. (1964) *Scientific Management : Comprising Shop Management, The Principles of Scientific Management and Testimony before the Special House Committee*, Harper and Row and John Weatherhill. (上野陽一 [訳編] (1969)『新版 科学的管理法』産業能率短期大学出版部)

The Consumer Citizenship Network (2005) *Consumer citizenship education Guidelines*,Vol.1 Higher Education.

United States Census Bureau (1902) "Population," in *1900 Census - Abstract of The Twelfth Census of the United States*. https://www.census.gov/library/publications/1902/dec/abstract.html (2022.10.23.)

Zeithaml,V.A.& Bitner,M.J. (1996) *Service Marketing*, MaGrow-Hill.

朝日新聞デジタル『パートと正社員を完全同待遇に　イオン中核企業、退職金やボーナスも』 https://www.asahi.com/articles/ASR3G733VR3FOLZU001. html?iref=pc_ss_date_article(2023.3.16.)

アントレプレナー教育研究会（1998）「起業家精神を有する人材輩出に向けて：アントレプレナー教育研究会報告書」通商産業省新規産業課

石井淳蔵・栗木契・嶋口充輝・余田拓郎 [著] （2004）『ゼミナール マーケティング入門』日本経済新聞出版社

石川敬史（2019）「アメリカ革命期における主権の不可視性」日本政治学会『年報政治学』70巻1号，pp.96-116.

石川球子（2008）「第3章　米国における障害差別禁止と合理的配慮をめぐる動向」独立行政法人高齢・障害者雇用支援機構障害者職業総合センター『調査研究報告書No.87　障害者雇用にかかる「合理的配慮」に関する研究 ― ＥＵ諸国及び米国の動向 ―』，pp.57-108. https://www.nivr.jeed.go.jp/research/report/houkoku/houkoku87.html(2022.9.15.)

伊丹敬之（1984）『新・経営戦略の論理 見えざる資産のダイナミズム』日本経済新聞社

一般財団法人行政管理研究センター「公的な役割を担う法人に関する調査研究（報告

書）」2018年

一般社団法人Think the Earth［編］，蟹江憲史［監修］（2019）『未来を変える目標SDGsアイデアブック』紀伊國屋書店

一般社団法人日本経済団体連合会（2021）「緊急事態宣言下におけるテレワーク等の実施状況調査」https://www.keidanren.or.jp/policy/2021/011.pdf(2023.5.1.)

井上昭一（1988）「1920年代初期のジェネラル・モーターズ会社の組織改革とムーニー理論」關西大學商學會『關西大學商學論集』第33巻第2号，pp.81-115.

入山章栄（2019）『世界標準の経営理論』ダイヤモンド社

岩出博（2009）『新 これからの人事労務』泉文堂

占部都美（1974）『近代組織論〔Ⅰ〕』白桃書房

占部都美（1984）『新訂 経営管理論』白桃書房

大橋昭一（2008）「ホーソン実験についての近年の諸論調 ― 1990年以降における諸論調を中心に ― 」關西大學商學會『關西大學商學論集』第52巻第6号，pp.89-108.

大橋昭一・竹林浩志（2008）『ホーソン実験の研究 ― 人間尊重的経営の源流を探る ― 』同文舘出版

岡田行正（2008）『新版 アメリカ人事管理・人的資源管理史』同文舘出版

小方信幸（2023）『実践 人的資本経営』中央経済社

小川孔輔（2009）『マーケティング入門』日本経済新聞出版社

奥林康司（1991）『（増補版）労働の人間化』有斐閣

加勢田博（2004）「19世紀アメリカにおける有料道路建設：北東部諸州を中心として」関西大学経済学会『関西大学経済論集』第54巻第3・4合併号，pp.401-419.

金井壽宏（2002）『働くひとのためのキャリア・デザイン』PHP研究所

金井壽宏（2003）『キャリア・デザイン・ガイド　自分のキャリアをうまく振り返り展望するために』白桃書房

金井壽宏・高橋潔（2004）『組織行動の考え方』東洋経済新報社

金井壽宏（2005）『経営組織』日本経済新聞社

株式会社小松製作所ホームページ https://www.komatsu.jp/ja(2022.9.9)

株式会社マイナビ（2023）「2023年卒大学生インターンシップ調査 ― 中間総括 ― 」https://career-research.mynavi.jp/reserch/20211029_18077/(2023.5.1.)

川﨑友嗣編著、安川直志・安川志津香・堀田三和（2019）『大学生のためのキャリアデザイン 自分を知る・社会を知る・未来を考える』ミネルヴァ書房

菊野一雄（2009）「「労働の人間化（QWL）運動」再考 ― その歴史的位置と意味の再

検討 ― 」慶応義塾大学商学会『三田商学研究』第 51 巻第 6 号，pp.13-24.

菊野一雄（2011）『人事労務管理の基礎』泉文堂

北場林 ［国立研究開発法人 科学技術振興機構］（2015）「米国の科学技術情勢」
　　https://www.jst.go.jp/crds/report/US20151101.html（2022.10.23.）

木下裕昭（2006）「オンライン会議システム」『電子情報学会誌』Vol.89，No.1，pp.58-62.

岐阜県環境生活部県民生活課・岐阜県消費者教育支援専門委員会 ［監修］「契約で困っ
　　たときに役立つ！若者のための消費者教育副読本 おっと！落とし穴契約にある深
　　い穴に落っこちないために」
　　https://gakuen.gifunet.ed.jp/subject/50_others/40_syouhi/syouhi_seikatu_otto/
　　website_kou/kenri_sekinin/index.html（2022.8.31.）

キャリアコンパス「建設機械に革命をもたらした「KOMTRAX（コムトラックス）」
　　誕生の足跡 コマツ（小松製作所）2015/06/15」
　　https://ix-careercompass.jp/article/28/（2022.9.9）

黒原由紀（2012）「特集 成功する医師の人事考課」『日経ヘルスケア』No.174，日経
　　BP社

桑田耕太郎・田尾雅夫（2010）『補訂版 組織論』有斐閣

グロービス・マネジメント・インスティテュート ［編］（1999）『MBA経営戦略』ダ
　　イヤモンド社

経済産業省（2020）「持続的な企業価値の向上と人的資本に関する研究会報告書 ― 人
　　材版伊藤レポート ― 」
　　https://www.meti.go.jp/shingikai/economy/kigyo_kachi_kojo/pdf/20200930_1.
　　pdf（2023.5.1.）

経済産業省（2021）「多様な個を活かす経営へ ― ダイバーシティー経営への第一歩 ― 」
　　『【改訂版】ダイバーシティー経営診断シートの手引き』

侯駿鵬・成田暢彦・菅井径世・小川克郎（2010）「コンビニエンスストアにおけるCo2
　　排出量の評価」『第 5 回日本LCA学会研究発表会講演要旨集』日本LCA学会，
　　pp.270-271

公益財団法人関西消費者協会「ケーヤクにつけるクスリ」
　　http://kanshokyo.jp/highschool/cnt_cnsm/（2022.8.31.）

厚生労働省『新規学卒就職者の離職状況を公表します』
　　https://www.mhlw.go.jp/content/11805001/001005624.pdf（2023.4.7.）

厚生労働省『令和 3 年雇用動向調査結果の概要』

https://www.mhlw.go.jp/toukei/itiran/roudou/koyou/doukou/22-2/dl/gaikyou.
pdf(2023.4.7.)

厚生労働省（2013）「第 9 回社会保障審議会年金部会資料 2-1『労働力需給推計につい
て』」
https://www.mhlw.go.jp/stf/shingi/2r9852000002t45x-att/2r9852000002t48j.
pdf(2023.5.1.)

厚生労働省（2021）『令和 3 年版働く女性の実情』

厚生労働省（2022）「令和 4 年 障害者雇用状況の集計結果」
https://www.mhlw.go.jp/content/11704000/001027391.pdf(2023.5.1.)

国土交通省（2022）「令和 3 年度テレワーク人口実態調査 ― 調査結果 ― 」
https://www.mlit.go.jp/toshi/daisei/content/001471979.pdf(2023.5.1.)

小西國友・渡辺章・中嶋士元也（1999）『労働関係法』有斐閣

小林康助（1991）『労務管理の生成と展開』ミネルヴァ書房

小林康助（2001）『現代労務管理成立史論』同文舘出版

小林さとる（2023）『キャリア迷子 自分らしく働けない人のための「生き方提案」』ディ
スカヴァービジネスパブリッシング

小林靖雄（1953）『労務管理シリーズ 科学的管理と労働』布井書房

雇用促進事業団職業研究所（1979）『職業読本』東洋経済新報社

近藤隆雄（1997）「サービス・マーケティング・ミックスと顧客価値の創造」『経営・
情報研究（多摩大学経営情報学部紀要）』No. 1.

今野浩一郎・佐藤博樹（2020）『人事管理入門』日本経済新聞出版社

蔡 芒錫（2015）「ホーソン研究：そのアナザー・ストーリー」専修大学経営研究所『専
修マネジメント・ジャーナル』Vol.5, No.2, pp.13-24.

齊藤博・岡﨑洋・佐藤勝彦（2007）『楽しいキャリアデザイン』八千代出版

坂下昭宣（2000）『改訂版 経営学への招待』白桃書房

作田裕史（2016）「もう、24 時間働かない！年中無休、24 時間営業を見直す企業続々」
『AREA』朝日新聞出版

佐々木恒夫編・経営学史学会監修（2011）『ファヨール ― ファヨール理論とその継承
者たち』文眞堂

佐藤博樹・武石恵美子（2017）『ダイバーシティー経営と人材活用 多様な働き方を支
援する企業の取り組み』東京大学出版会

澤田知樹（2015）「合衆国憲法修正第 13 条と公民権法」和歌山大学経済学会『経済理論』

379 号，pp.63-78.

澤田知樹（2016）「合衆国憲法修正第 13 条とアファーマティブ・デューティ」和歌山
　大学経済学会『経済理論』383 号，pp.87-103

澤村明・田中敬文・黒田かをり・西出優子［著］（2017）『はじめての NPO 論』有斐閣

塩次喜代明・高橋伸夫・小林敏男（1999）『経営管理』有斐閣

塩見治人（1978）『現代大量生産体制論』森山書店

塩見治人（1985）「アメリカにおける工場制度の変質と内部請負制度」経営史学会『経
　営史学』第 20 巻 2 号，pp.22-49.

清水洋（2022）『アントレプレナーシップ』有斐閣

下川浩一（1972）『フォード』東洋経済新報社

しゅふれん主婦連合「主婦連とは」https://shufuren.net/introduction/aboutus/(2022.9.16.)

シュンペーター，J.A.［著］，清成忠男［編訳］（1998）『企業家とは何か』東洋経済新
　報社

消費者庁「エシカル消費とは」https://www.caa.go.jp/policies/policy/
　consumer_education/public_awareness/ethical/about/(2022.9.8.)

消費者庁「これからの社会を担うあなたへ～「消費者」としての権利と責任～
　https://www.caa.go.jp/policies/policy/consumer_education/public_awareness/
　teaching_material/material_007/pdf/08_moshitora-w.pdf(2022.8.31.)

消費者庁「消費者教育の推進に関する法律、第 2 条第 2 項」
　https://www.caa.go.jp/policies/policy/consumer_education/consumer_education/
　law/pdf/120822_houritsu.pdf(2022.9.9.)

消費者庁「消費者市民社会を目指す消費者教育」
　https://www.caa.go.jp/policies/policy/consumer_education/consumer_education/
　consumers_civil_society/index.html(2022.8.31.)

消費者庁「第 1 部第 2 章第 1 節（2）消費と資源についての動き、第 1 部消費者問題の
　動向と消費者意識・行動、第 2 章【特集】つくる責任、つかう責任、減らす責任
　～食品ロス削減 ― 持続可能な社会のために ― 」
　https://www.caa.go.jp/policies/policy/consumer_research/white_paper/2020/white_
　paper_127.html(2022.9.21.)

消費者庁「第 1 部【特集】消費者庁及び消費者委員会設立 10 年～消費者政策の進化と
　今後の展望～、第 2 章 消費者庁及び消費者委員会の 10 年」『令和元年度版 消費
　者白書』（2022.9.21.）

消費者庁「消費者問題の歴史 1. 入門！消費者問題の歴史、2. 消費者問題年表」
　　https://www.kportal.caa.go.jp/pdf/history.pdf(2022.9.8.)

須藤芳正（2019）『教養としての簿記』大学教育出版

総務省（2021）「テレワークセキュリティガイドライン第 5 版」
　　https://www.soumu.go.jp/main_content/000752925.pdf(2023.5.1.)

高橋宏幸・丹沢安治・坂野友昭（2002）『現代経営・入門』有斐閣

高橋美恵子［編］（2021）『ワーク・ファミリー・バランス：これからの家族と共働き
　　社会を考える』慶應義塾大学出版会

髙橋正泰・山口善昭・磯山優・文智彦（1998）『経営組織論の基礎』中央経済社

竹林修一（2019）『カウンターカルチャーのアメリカ ― 希望と失望の 1960 年代 ―』
　　第 2 版，大学教育出版

田中靖浩（2018）『会計の世界史』日本経済新聞出版

谷内篤博（2008）『日本的雇用システムの特質と変容』泉文堂

田村久美・水谷節子（2007）「医療系教育機関における消費者教育の実践 ― キャリア・
　　デベロップメント消費者教育プログラム」『消費者教育』第 27 冊，pp.101-111.

田村久美・水谷節子（2009）「医療消費者とは何か ― 患者運動の根本思想とコンシュー
　　マリズムの再興 ― 」『川崎医療福祉学会誌』Vol.18No.2，pp.501-509.

男女共同参画局『共同参画』
　　https://www.gender.go.jp/public/kyodosankaku/2022/202208/pdf/202208.
　　pdf(2023.3.8.)

手嶋慎介（2006）「キャリア支援に関する経営学的考察 ― 経営学的アプローチによ
　　る若年者キャリア支援体制構築へ向けて ― 」『高田短期大学紀要』第 24 号，
　　pp.15-32.

東洋大学経営力創成研究センター［編］（2019）『スモールビジネスの経営力創成とア
　　ントレプレナーシップ』学文社

独立行政法人 高齢・障害・求職者雇用支援機構（2021）「障害者雇用があまり進んで
　　いない業種における雇用事例」
　　https://www.jeed.go.jp/disability/data/handbook/amarisusunndeinai/book/html5.
　　html#page=1(2023.5.1.)

独立行政法人 労働政策研究・研修機構（2021）「人材育成と能力開発の現状と課題に
　　関する調査（企業調査）」No.216
　　https://www.jil.go.jp/institute/research/2021/216.html(2023.5.1.)

独立行政法人 労働政策研究・研修機構（2022）「データブック国際労働比較2022」
　　https://www.jil.go.jp/kokunai/statistics/databook/2022/documents/Databook2022.
　　pdf(2023.5.1.)

友岡賛（2018）『会計の歴史〔改訂版〕』税務経理協会

ドラッカー，P.F.［著］，上田惇生・田代正美［訳］（1991）『非営利組織の経営』ダイ
　　ヤモンド社

内閣府政策統括官（経済社会システム担当）（2021）「新型コロナウイルス感染症の影
　　響下における生活意識・行動の変化に関する調査」
　　https://www5.cao.go.jp/keizai2/wellbeing/covid/pdf/result5_covid.pdf(2023.5.1.)

内閣府男女共同参画局（2020）「令和2年版男女共同参画白書（概要)」
　　https://www.gender.go.jp/about_danjo/whitepaper/r02/gaiyou/pdf/r02_gaiyou.
　　pdf(2023.5.1.)

中川浩［監修・著］，佐久間大介・小林明子・萩原夏花・藤田智子［著］（2021）『ジョ
　　ブ型時代を勝ち抜くキャリア戦略』秀和システム

中川雄一郎（2002）「労働者協同組合物語第8回　ロッチデール公正先駆者組合と生産
　　協同組合」『協同の發見』No.118, pp.53-62

名古屋市消費生活センター（2015）「くらしのほっと通信　消費者市民社会特集号」
　　https://www.seikatsu.city.nagoya.jp/files/download/file/0719e13b95d219fd333a274
　　6a3e0cffb.pdf(2022.10.30.)

名和高司（2015）『CSV経営戦略 本業での高収益と、社会の課題を同時に解決する』
　　東洋経済新報社

西村剛（2003）『経営組織論序説 ― 経営経済学的組織論の構築に向けて ―』晃洋書房

日本オーガニックコットン協会「オーガニックコットン」
　　https://joca.gr.jp/about-organic-cotton/#about-organic-cotton(2022.10.9.)

日本経団連政治社会本部（2010）「解説ISO26000〜社会的責任に関する国際企画〈3〉」
　　『日本経団連タイムス』No.3012.

日本消費者教育学会編（2007）『新消費者教育Q&A』中部日本教育文化会

日本消費者教育学会編（2016）『消費者教育Q＆A ― 消費者市民へのガイダンス ―』
　　中部日本教育文化会

丹羽巖（1993）「アメリカにおける人権思想と第一回大陸会議」中部大学経営情報学部
　　『経営情報学部論集』第7巻第2号，pp.65-76.

丹羽巖（1995）「アメリカの独立宣言と第二回大陸会議」中部大学経営情報学部『経営

情報学部論集』第 10 巻第 1 号，pp.1-13.

一橋大学イノベーション研究センター［編］(2017)『イノベーション・マネジメント入門〔第 2 版〕』日本経済新聞出版社

一守靖（2022）『人的資本経営のマネジメント　人と組織の見える化とその開示』中央経済社

農林水産省「SDGs（持続可能な開発目標）とは」
https://www.maff.go.jp/j/shokusan/sdgs/about_sdgs.html(2022.9.7.)

農林水産省「～食品ロス量（令和 2 年度推計値）を公表～（添付資料「日本の食品ロスの状況（令和 2 年度)」)」
https://www.maff.go.jp/j/press/shokuhin/recycle/attach/pdf/220609-6.pdf
(2022.8.31.)

農林水産省「食料自給率とは」https://www.maff.go.jp/j/zyukyu/zikyu_ritu/011.html(2022.9.21.)

ハーバード・ビジネス・レビュー編集部［編］，DIAMONDハーバード・ビジネス・レビュー編集部［訳］(2019)『戦略の教科書』ダイヤモンド社

バーリ, A.A. & ミーンズ, G.C.［著］，北島忠男［訳］(1979)『近代株式会社と私有財産』文雅堂銀行研究社

ピュー，D.S. & ヒクソン，D.J.［著］，北野利信［訳］(2003)『現代組織学説の偉人たち』有斐閣

平尾武久（1984）『アメリカ労務管理の史的構造』千倉書房

平野光俊（2017）「キャリアとは　経営学の観点から」『日本労働研究雑誌』No.681，pp.70-72.

藤芳誠一（1985）『経営管理学事典』泉文堂

法務省「一般社団法人及び一般財団法人に関する法律リーフレット」

前田淳（2005）「テイラーシステムとフォードシステム出現におけるアメリカの経営経済的・社会的条件（1）―内部請負制度の形成と崩壊―」慶應義塾大学商学会『三田商学研究』第 47 巻第 6 号，pp.39-51.

牧兼充（2022）『イノベーターのためのサイエンスとテクノロジーの経営学』東洋経済新報社

巻正平（1971）『コンシューマリズム』日本経済新聞社

松本雄一（2015）「キャリアデザインと能力形成」『通信ソサイエティマガジン』No.32 春号，pp.227-233.

三戸公（2009）「日本の経営学，その過去と現在そして ― 新しい方向の模索 ― 」中京大学経営学部『中京経営研究』第 19 巻第 1 号，pp.79-98.

宮内佑実・遠藤正之（2020）「オンライン会議とオフライン会議の意思疎通の比較」『経営情報学会 2020 年全国研究発表大会』pp.144-147.

宮田矢八郎（2001）『経営学 100 年の思想 マネジメントの本質を読む』ダイヤモンド社

村上喜郁（2004）「GM 社における製品政策の生成：デュラントからスローンへ」關西大學商學會『關西大學商學論集』第 48 巻第 6 号，pp.135-157.

村松潤一・大藪亮［編著］（2021）『北欧学派のマーケティング研究』白桃書房

百田義治（1991）「内部請負制度の管理史的意義について ― 「熟練依存型間接管理制度」の特質と管理制度変遷の規定要因を巡って ― 」『駒沢大学経済学論集』第 23 巻第 3 号，pp.127-175.

百田義治（1992）「内部請負制度下の労働と管理 ― アメリカ経営管理論生成史研究の予備的考察として ― 」日本経営学会編『世界経済構造の変動と企業経営課題（経営学論集第 62 集)』千倉書房，pp.96-102.

森五郎［監修］，岩出博（2007）『LECTURE 人事労務管理〔四訂版〕』泉文堂

森本三男（1985）『経営組織』中央経済社

森本三男（2006）『現代経営組織論』学分社

八代充史（2014）『人的資源管理論 ― 理論と制度 ― 』中央経済社

山下剛（2019）『現代経営学選集 第 II 期 第 10 巻 マズローと経営学 ― 機能性と人間性の統合を求めて ― 』

山本直人（2007）『大学生のためのキャリア講義』インデックス・コミュニケーションズ

吉村孝司（2003）『マネジメント・ベーシックス』同文舘

讀賣新聞オンライン『育休取ったら同僚に「応援手当」最大 10 万円…三井住友海上が 4 月導入、職場の受け入れ促す』
https://www.yomiuri.co.jp/economy/20230311-OYT1T50332/(2023.3.15.)

リクルートワークス研究所「武石恵美子氏『キャリア自律も、ダイバーシティも、個人と組織の「対話」から始まる』」
https://www.works-i.com/column/policy/detail019.html(2023.4.15.)

渡邉泉（2014）『会計の歴史探訪』同文舘出版

渡部正治（2019）「企業不祥事の実態と不祥事予防のあるべき姿」『21 世紀社会デザイン研究』No.18.

索　引

【執筆者一覧（執筆順）】

蒲生　智哉　　編著者〈第1章・第3章・第6章〉

　　名古屋学院大学 商学部 商学科 准教授

　　立命館大学大学院 経営学研究科 博士課程後期課程 企業経営専攻修了 博士（経営学）

須藤　芳正　　監修者〈第2章〉

　　川崎医療福祉大学 医療福祉マネジメント学部 医療福祉経営学科 特任教授

　　愛媛大学大学院 連合農学研究科 博士課程満期退学 経営学修士

倉田　致知　〈第2章〉

　　中国短期大学 情報ビジネス学科 教授

　　大阪府立大学院 経済学研究科経済学専攻 博士前期課程修了 修士（経済学）

柴山　麻祐子　〈第4章〉

　　川崎医療福祉大学 医療福祉マネジメント学部 医療福祉経営学科 講師

　　川崎医療福祉大学大学院 医療福祉マネジメント学研究科 修士課程修了 修士（医療福祉マネジメント学）

田村　久美　〈第5章・第7章〉

　　川崎医療福祉大学 医療福祉マネジメント学部 医療秘書学科 准教授

　　奈良女子大学大学院 人間文化研究科 複合領域科学専攻 博士後期課程修了 博士（学術）

　　受賞：日本消費者教育学会研究奨励賞（平成18年10月），令和5年度消費者支援功労者表彰内閣総理大臣表彰（令和5年5月）

上田　敬　〈第8章・第9章〉

　　松本大学松商短期大学部 商学科 専任講師

　　青山学院大学大学院 会計プロフェッション研究科 専門職学位課程修了 会計修士（専門職）

■監修者・編著者紹介

須藤　芳正 (すとう・よしまさ)

川崎医療福祉大学 医療福祉マネジメント学部 医療福祉経営学科 特任教授

愛媛大学大学院 連合農学研究科 博士課程満期退学 経営学修士

　主な研究業績：『教養としての簿記』(須藤芳正［監修］, 大学教育出版, 2019 年),『新入職員のための病院・診療所経営入門』(須藤芳正［監修］, 大学教育出版, 2019 年),『経営学説 28 講義』(須藤芳正・今林宏典［編］, 泉文堂, 2015 年),『資金会計論の系譜と展開』(須藤芳正［編］, ふくろう出版, 2015 年),『新版企業簿記論』(神森智・倉田三郎［編］, 分担執筆, 中央経済社, 1999 年)

蒲生　智哉 (かもう・ともや)

名古屋学院大学 商学部 商学科 准教授

立命館大学大学院 経営学研究科 博士課程後期課程 企業経営専攻修了 博士 (経営学)

　主な研究業績：『北欧学派のマーケティング研究』(村松潤一・大藪亮［編］, 分担執筆, 白桃書房, 2021 年),『サービス・ロジックによる現代マーケティング理論』(C・グルンルース［著］, 蒲生智哉［訳］, 白桃書房, 2015 年),『北欧型サービス志向のマネジメント』(C・グルンルース［著］, 近藤宏一［監訳］, 蒲生智哉［訳］, ミネルヴァ書房, 2013 年)

これから経営学
― 新しく学ぶ 経営の基礎 ―

2023 年 12 月 11 日　初版第 1 刷発行

■監修・編著者 —— 須藤芳正・蒲生智哉
■発 行 者 —— 佐藤　守
■発 行 所 —— 株式会社大学教育出版
　　　　　　　〒700-0953　岡山市南区西市 855-4
　　　　　　　電話(086)244-1268代　FAX(086)246-0294
■印 刷 製 本 —— モリモト印刷㈱
■D　T　P —— 林　雅子

ISBN978-4-86692-270-6